U0457824

本书由中国博物馆协会与腾讯基金会"腾博基金"资助

衣冠大成

An Agglomeration of Hats and Clothes

山东博物馆

"明代服饰文化展"

策展笔记

于 芹 著

ZHEJIANG UNIVERSITY PRESS
浙江大学出版社
·杭州·

图书在版编目(CIP)数据

衣冠大成：山东博物馆"明代服饰文化展"策展笔
记/于芹著. -- 杭州：浙江大学出版社, 2023.11（2025.4重印）
（中国博物馆陈列展览精品·策展笔记）
ISBN 978-7-308-23704-8

Ⅰ.①衣… Ⅱ.①于… Ⅲ.①博物馆—服饰文化—历
史文物—陈列—策划—山东 Ⅳ.① G269.275.2

中国国家版本馆CIP数据核字（2023）第071181号

衣冠大成

山东博物馆"明代服饰文化展"策展笔记

YIGUAN DACHENG: SHANDONG BOWUGUAN "MINGDAI FUSHI WENHUA ZHAN" CEZHAN BIJI

于 芹 著

出 品 人	褚超孚
项目负责	陈 洁
策划编辑	张 琛　陈佩钰　吴伟伟
责任编辑	陈佩钰（yukin_chen@zju.edu.cn）
文字编辑	金 璐
责任校对	闻晓虹
封面设计	程 晨
责任印制	范洪法
出版发行	浙江大学出版社
	（杭州天目山路148号　邮政编码：310007）
	（网址：http://www.zjupress.com）
排　　版	浙江大千时代文化传媒有限公司
印　　刷	杭州捷派印务有限公司
开　　本	710mm×1000mm　1/16
印　　张	15.25
字　　数	226千
版 印 次	2023年11月第1版　2025年4月第2次印刷
书　　号	ISBN 978-7-308-23704-8
定　　价	88.00元

总　序

在社会主义文化强国建设的进程中，博物馆扮演着中华文明优秀成果守护者、传承者与传播者的重要角色。作为博物馆教育与传播的核心媒介，陈列展览成为博物馆守护文化遗产、传承中华文明、讲好中国故事的关键工作。好的陈列展览离不开好的策展工作。策展是构建陈列展览的过程，是通过逻辑和观念的表达，阐释文物藏品的多元价值，构建公众与遗产之间的对话空间，激发广泛社会价值与文化价值的思维和组织活动。博物馆策展的理论与实践水平，很大程度决定了陈列展览的思想境界、文化内涵、艺术品位与传播影响。因此，博物馆策展的学术研究和业务能力建设是提高博物馆陈列展览工作业务水平和影响效果的重要途径；某种意义上，也是促进我国博物馆事业高质量发展的关键所在。

"中国博物馆陈列展览精品·策展笔记"丛书的出版，正是源于对上述问题的思考。作为我国博物馆行业发展的协调者与促进者，中国博物馆协会长期致力于博物馆展陈质量建设和策展能力提升。在持续不断的摸索和实践中，许多博物馆同仁建议我们依托"全国博物馆十大陈列展览精品推介活动"，围绕一批业内公认的具有较大影响力与鲜明特色的获奖展览项目，邀请策展团队，形成有关策展过程和方法的出版物。在不断的讨论中，我们逐渐明确：这种基于展览策划的出版物，显然不同于博物馆中常见的对于展览内容及重点文物介绍的"展览图录"，而更适合被称为"策展笔记"。

所谓"策展笔记"，一方面，要聚焦"策展"的行动内容，也就是要透过展览看幕后，核心内容是展览从无到有的建设过程，尤其要重点讲述展览选题、前期研究、团队组建、框架构思、展品组织、形式设定、艺术表达、布展制作等当代博物馆展览策划的核心流程及相关体会。另一方面，要突出"笔记"的内涵风格。如果与记录考古工作的过程、方法与认识的"考古报告"相类比的话，"策展笔记"则是对陈列展览的策展过程、方法与认识的重点记录。与此同时，作为与"随笔""札记"等相似的"笔记"文体，也应带有比较强烈的主观性、灵活性和较高的自由度，宜以第一人称的口吻展开，重在呈现策展的心路历程与思考感悟，而不苛求内容体系的完整性与系统性；重在提炼策展的经验、理念、亮点，讲好值得分享的策展专业理论、专业精神、专业态度和专业手法等。我们相信，这样的"策展笔记"，不但可以作为文博行业了解我国文博系统优秀展览的"资料工具书"，也可以作为展陈从业者策展创新借鉴的"实践参考书"，还可以作为普通大众的"观展指南书"，帮助他们了解博物馆幕后工作，更好领略博物馆展陈之美。

丛书第一辑收集了 2019—2021 年度全国博物馆十大陈列展览精品推介的代表性获奖项目，覆盖全国不同地域，涵盖考古、历史、革命纪念等不同类型。由于缺乏经验借鉴，加之展览类型的多元性、编写人员构成的差异性等，在撰稿与统稿过程中，我们遇到了远超预期的挑战。这些挑战包括但不限于：如何平衡丛书的整体风格与单册图书的个体特色；如何兼顾写作内容的专业性特质与写作表达的大众性要求；如何将策展实践中的"现象描述"转化为策展理念的"机制提炼"，充分体现策展的创新点和价值点；如何实现从"报告思维"向"叙事思维"的转型，生动讲述策展的动人细节；如何在分析个案内容的同时对行业的普遍性、典型问题进行有效回应，发挥好优秀展览的示范作用；如何解决多人撰写所产生的文风不统一问题，提高统稿工作的质量和效率；等等。幸运的是，在各馆撰稿团队的积极配合下，在专家的有力指导下，我们通过设定指导性原则、确定写作指南、优化统稿与编审机制等途径，一定程度克服了上述挑战难题，基本完成了预期目标。

　　这套丛书的问世，离不开撰稿人、专家和编辑的辛勤劳动。我们衷心感谢北京鲁迅博物馆（北京新文化运动纪念馆）、中国人民革命军事博物馆、山西博物院、吴中博物馆、扬州中国大运河博物馆、杭州市萧山跨湖桥遗址博物馆、山东博物馆、湖北省博物馆、盘龙城遗址博物院、成都武侯祠博物馆、陕西历史博物馆、秦始皇帝陵博物院、和田地区博物馆等博物馆策展团队撰稿人的精彩文本。同时，我们衷心感谢南京博物院理事长、名誉院长龚良，复旦大学文物与博物馆学系主任陆建松，浙江大学艺术与考古学院教授严建强，北京大学考古文博学院教授宋向光，上海大学现代城市展陈设计研究院执行院长李黎，西安国家版本馆（中国国家版本馆西安分馆）副馆长董理，清华大学美术学院副教授李德庚等多位学者、专家的认真审读与宝贵的修改建议。感谢浙江大学出版社董事长、党委书记、总编辑褚超孚，以及社科出版中心编辑团队的细致审校和精心编辑，他们的工作为丛书的顺利出版提供了坚实的保障。浙江大学艺术与考古学院"百人计划"研究员毛若寒博士在这套丛书的方案策划、组织联络、出版推进等方面，用力尤勤，付出良多。此外，还有许多在本丛书筹划、编辑、出版过程中给予帮助的专家、老师，无法一一列举，在此谨对以上所有人员致以最真挚的感谢和敬意。

　　严建强教授在一次咨询会上曾对这套丛书给过一个很高的评价，认为它是当代博物馆专业化建设的一个重要的里程碑。对于这个赞誉，我们其实是有点愧不敢当的。我们很清楚，丛书第一辑的整体质量还有待提升，离"里程碑"的高度存在一定差距。但通过第一辑的编辑出版，我们为接下来的第二辑、第三辑的编写积累了经验、增强了信心。今后，我们会继续紧扣"策展笔记"作为"资料工具书""实践参考书"与"观展指南书"的核心功能定位，继续深化对于博物馆展览策展笔记的属性、目标、功能、内涵、形式等方面的认知，努力通过策展笔记的编写，带动全行业策展工作专业水平的整体提升。这虽然是一件具体的事情，但对构建博物馆传承与展示中华文化的策展理论体系和实践创新体系，推动博物馆守护好、展示好、传承好中华文明优秀成果，为博物馆事业的高质量发展、为建设社会主义文化强国不断做出新贡献，是很有积极意义的。我们相信，有全国博物馆工作者的积极参与，我们一定能把这套丛书做得更好，做成中国博物馆领域的著名品牌。

　　是为序。

刘曙光

中国博物馆协会理事长

目

录

衣冠大成

An Agglomeration of
Hats and Clothes

中国有礼仪之大，故称夏；有服章之美，谓之华。服饰是华夏文明的具象载体，它不仅体现了外在的规范，更反映了内在的素养，故中国素有"衣冠上国""礼仪之邦"之称。服饰，蕴含着丰富的民族精神和独特的价值取向，早已凝结为一种熠熠生辉的文化符号。

一、好展知时节

优秀传统文化是一个国家、一个民族传承和发展的根本。2017 年 1 月 25 日，中共中央办公厅、国务院办公厅发布了《关于实施中华优秀传统文化传承发展工程的意见》（简称《意见》）。《意见》指出，到 2025 年基本形成中华优秀传统文化传承发展体系，显著增强文化自觉和文化自信，明显提升中华文化的国际影响力。《意见》中与服饰有关的具体要求是：实施中华节庆礼仪服装服饰计划，设计制作展现中华民族独特文化魅力的系列服饰。2018 年 4 月，共青团中央将农历三月初三定为"中国华服日"，在这个具有特殊意义的日子，向全世界展示中华民族传统服饰。这是策划"衣冠大成——明代服饰文化展"（简称"衣冠大成"）的大背景。

　　明代服饰在中国服饰史上占有重要的地位。明代服饰承继传统，远法周汉，近取唐宋，从色彩、面料、款式、纹饰到穿着的时令与场合，形成一系列定制，规划之周详，超越以往任何时代，并对周边国家产生深远影响。但是，由于清朝入关后实行严酷的剃发易服令，而且服装是有机质的质地，受温湿度影响大，难以长久保存，所以在清代，明代服饰几近绝迹。然而，幸运的是，山东拥有珍贵的明代服饰文物资源。据全国第一次可移动文物普查成果，全国明代丝绣类文物有1700多件，其中成衣（包括残衣）500件，仅山东一地收藏的成衣即有百余件，而且品相非常好，在业界享有较高知名度。这些服饰有两个主要来源：一为1971年山东邹县明鲁王朱檀墓出土服饰，由山东博物馆收藏。鲁王服饰是明代早期藩王服饰的典型代表，其中九旒冕是现存最早的也是唯一的冕冠实物，黄色四团金龙纹织金缎袍、镶宝石玉带饰都是非常珍贵的文物。二为衍圣公府传世服饰，主要由山东博物馆和孔子博物馆两家文博单位收藏。清初推行满服，满族统治者强行以衣身修长、衣袖短窄的满装样式，取代宽衣博袖、拖裙盛冠的服制，致使明代服装在民间几乎消失殆尽，而凭借"天下第一家"的尊贵地位，孔府收藏了一批珍贵的明代服装。20世纪50年代初期，这些服饰分别划归山东省文物管理委员会和曲阜市文物管理委员会，目前分别由山东博物馆和孔子博物馆收藏。这些服饰色彩鲜艳、材质典型、纹饰华美、工艺精湛、款式齐全、体系完整、保存完好，在现存古代服饰中实属上乘（图1-1）。

　　近年来，中国传统服饰爱好者与日俱增，古装日益受到青睐。首先，流行古装剧的热播，古装仪态之美引起了观众的共鸣。其次，电子游戏的带动，游戏中穿着古装的形象设计飘逸而浪漫，吸引了年轻一代，尤其深受年轻女孩的喜爱。再次，随着人们生活水平的提高，文化审美需求多样化，在精神上寻求变化，渴望突破自我，以古代装扮的方式达到追求与众不同的人生的小愿望。于是，扮古相、穿古装

图1-1 孔府旧藏明代服饰

应运而生、应势而旺，成为一种潮流。

华服爱好者一般分为几个派系，有"仙女党"（向往魏晋仙风道骨，多以纱裙仿之，不重考据）、"日常党"（尤喜丝、棉、麻等天然材质，侧重于日常生活的便利）、"汉元素党"（看重传统服饰的一些元素，将其应用于普通服装）以及"朝代派"。朝代派较以上派系更似学院派，衣饰形制、穿搭披挂无不有史料可查、有史物可依，他们一般偏好魏晋、唐、宋、明等历史时期，女装以宋、明为主，男装以宋为主；礼服以汉朝为主，休闲装以唐代为主。华服爱好者中，爱好宋、明服饰的"宋明党"占比很大。

　　山东明代服饰文物资源极受"宋明党"的喜爱和关注，市面上销售的明制服装几乎全部是山东明代文物的复刻版，如男子爱穿的香色麻飞鱼贴里和道袍、女子最爱的"套装"——蓝色牡丹杂宝纹暗花绸织金妆花麒麟补女袄，搭配白色暗花纱绣花鸟纹裙。月白色比甲也是当红的爆款。个别爱好者对明代服饰有很深的研究，其对服饰史料的挖掘、文化内涵的阐释，水平之高堪比业界学者。大多数普通爱好者，则是对服饰本身的款式和穿搭方式更感兴趣。学习明代服饰最好的实物教材就是明代服饰本身。然而，出于历史原因和保存环境等因素的影响，现存的出土的明代服饰也不能满足观众的需要，因为出土服饰大部分残缺不全，难以还原其原貌，更重要的原因是出土服饰色彩失真严重，多呈土褐色，并非当年真实的色彩，以至于早些年很多电视剧被误导，剧中的服饰都是做旧了的颜色。所以，出土服饰就还原度来说尚有欠缺。在这种情况下，在朝代更迭中保存至今的明代孔府服饰愈发珍贵，被明代服饰爱好者奉为至宝。

　　近年来，古装爱好者的人数成倍增长，穿华服正从小众的爱好逐渐走向大众。据统计，2019 年华服爱好者达 356.1 万人，2021 年达 689.4 万人。他们参谒真品的愿望日益强烈起来，最终形成一个强烈的呼声——希望山东博物馆举办明代服饰展。这个呼声在网上掀起一浪又一浪的热议。2019 年 8 月，山东博物馆据此决定策划明代服饰文化展。2020 年 8 月 20 日，山东博物馆官方微博正式公布"衣冠大成"开展的信息（图 1-2），网友竞相转发，在微博引起热议。从明代服饰展列入 2020 年展览计划，到"衣冠大成"正式开展，山东博物馆官方微博增加了 15 万粉丝，可见明代服饰展受欢迎的程度。

衣冠大成

明代服饰文化展

Ming: epitome of Chinese costume culture

主办：山东博物馆
　　　孔子博物馆
地点：12号展厅
时间：2020年9月29日

图1-2　展览海报

二、八年磨一剑

　　早在 2012 年 8 月 8 日至 9 月 9 日，山东博物馆就举办了"斯文在兹——孔府旧藏服饰特展"，展览分为"衣冠肃肃""丽服有晖""襟袖含香""冠带春秋"四个单元，展示了孔府旧藏的明清服饰 100 余件，备受社会热捧。但由于条件的限制，该展只展出了一个月。2013 年 5 月 18 日至 6 月 18 日，山东博物馆又举办了"大羽华裳——明清服饰特展"，汇集山东博物馆、故宫博物院和曲阜文物管理委员会三家明清服饰主要收藏单位的 147 件服饰，分为"锦织明韵"和"衣绣清风"两个单元，包括明清两代的出土文物和传世文物。这两次展览是山东明代服饰文物的集中汇展，此前，明代传世服饰文物在全国从未展示过。展览一经推出，便引起市民的热烈追捧。2019 年我们在准备策划服饰展时，面对同样的明清服饰，如何推陈出新，更上层楼？这是策展首先要解决的问题。我们在以下三个方面尝试进行改变。

　　在展品上，只选择明代服饰。明代服饰与清代服饰虽然在时间上接近，但属于不同的服饰体系。明代服饰以汉族传统服装为主体，宽大飘逸，潇洒富丽，是华夏古代服饰艺术的典范，相对清代服饰，现存明代服饰也更稀缺。山东博物馆和孔子博物馆收藏的明代服饰多为孤品，除了没有丧服和军服，平民的服装较少，其他服饰基本能反映明代服饰的高超技艺。这些珍品成为"衣冠大成"独一无二的展品基础。

　　在内容上，这次展览不侧重衍圣公世系身份，也不强调孔府旧藏这个现状。虽然衍圣公在中国历朝历代都具有极为崇高的地位，但是，他的着装并没有超出服饰制度规定的范畴，而是在规制内，更能体现明代服饰严格的制度和高超的技艺。展览力图展示明代整个服饰制度，从大的、宏观的角度来解读服饰文化。

　　在陈列设计上，"衣冠大成"的服饰文物，其色彩之绚、纹饰之韵、款式之逸，

图1-3 展览开幕式服装秀（上）
图1-4 展厅模型（下）

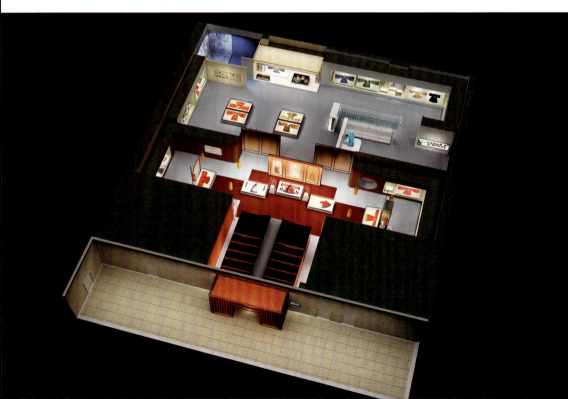

完美呈现了明代的服章之美，具有独特的审美特质和极高的美学价值。而展厅的设计也要唯美，求新求变，充分利用高科技手段，对展品的美加以提取和展示，打造唯美环境，为观众提供美学盛宴。

三、霓裳启大展

2020 年 9 月 29 日，经过一年的精心筹备和倾心打造，"衣冠大成——明代服饰文化展"在山东博物馆隆重开幕（图 1-3）。展览由山东博物馆与孔子博物馆联合举办，集合两馆馆藏并借用济南市博物馆和济宁市兖州区博物馆等文物，合计展品 74 件套。展厅面积 900 平方米，展线长度 178 米。展览经费 257 万元，由杭州黑曜石展示设计有限公司设计和制作。

"衣冠大成"体系化展示明代官制服饰、吉服和便服等，是明代传世服装一次史无前例的集中亮相，展示了大明衣冠保存传统而又兼收并蓄的风貌，并将视野延伸到织绣技艺、生活方式、礼仪制度等多个维度，构建明代服饰与明代人物、场景之间的关系，是明代人社会生活风貌的华丽再现，同时也是一次链接传统与现代的创新探索。展览与基本陈列"鲁王之宝——明朱檀墓出土文物精品展"，以及新策划的"书斋雅韵——馆藏明代绘画精品展"和"山静日长——明代文人风雅录"等配套展览，在时空上形成大明大展区，形成视觉合力（图 1-4）。

这，是一个诠释美和时尚的展览。

图1-5 展厅实景一（上）

图1-6 展厅实景二（下）

　　"衣冠大成"的服饰文物，是一脉相承的华夏民族传统的宽袍大袖、高冠博带的风格，真实呈现出中华传统的服章之美，具有独特的审美特质和极高的美学价值。文物本为独立的个体，展览将服饰展品与同时代的画像进行有机勾连，以真实的画面、翔实的图表、严谨的说明文字和生动的解说语言，对服饰图案、款式、工艺等方面的设计理念进行详尽的诠释，传播明代服饰所蕴含的儒家文化的中和之道、华夏之美，对观众进行美育。

　　展厅的设计也是唯美的。明人尚赤，展厅以红色为主色调；精准投光赋予了色彩艳丽的服装鲜活的生命力；随形灯光的设计，更加彰显了服饰之美（图1-5至图1-11）。在空间节奏的把控上也值得称道，尤其是展厅外的拍照区设计得清新雅致。即便是展厅的方向地标，也独具匠心，其设计灵感取自衣冠的版型，给人耳目一新的感觉。展览还借助新技术、新材料辅助阐释，将通过数字手段提取的明代服饰纹饰制作成视频，在显示屏四周加装镜面，视频播放时呈现出万花筒般迷幻的效果，将服饰之美、纹样之巧表现得淋漓尽致，让人叹为观止，拼接投影、情景再现、AR观展等带给观众更多美的体验，使观众沉浸在中华民族悠久坚实的礼乐传统和以儒家思想为主干的华夏美学盛宴之中。

　　这，是一个让文物活起来的展览。

　　让文物活起来，是博物馆追求的目标。由于服饰之美吸引着爱美的人们，服饰文物的活化还是具有天然的优势的。文物活起来，首先是展示手段灵活，让人们对文物有深入的了解。"衣冠大成"采用生动直观的明代文人图像对服饰进行一一对应、实现"有图有真相"的展示。将抗倭英雄邢玠做成蜡像进行立体展示和场景化展示，则是"有图有真相"的加强版。明代官服充分利用色彩、图案、冠的梁数、腰带的材质等方式来最大限度地表现品官之间的差异，达到使人"见服能知官，识饰而知品"的效果。大家熟知的以禽兽补子来区分文官和武官以及判断官员等级的方法，在明代得到进一步完善，并达到登峰造极的地步。展览采用科技手段将补子图案和官员品阶的对应关系进行展示，有助于观众了解等级森严的官阶制度，这是

图1-7　展厅实景三（上）

图1-8　展厅实景四（下）

图1-9　展厅实景五（上）

图1-10　展厅实景六（下）

图1-11　展厅实景七

明代服装华丽外表下的真正内涵。

　　服装的款式是观众尤其是古代服饰爱好者特别关注的，但由于文物和展柜限制，展览往往只能展示服装的正面。为弥补此缺憾，展览设计中专门将服装背面的照片和结构图标示出来，或采用多媒体进行三维立体展示，观众可自由触摸放大或旋转360度细看。对于一些重点展品，此次展览特别制作了裁剪图，爱好者可按图裁制，自己做出明代服装，真正做到让文物活起来。

　　展厅里乃至整个博物馆内，随处可见身着明制服装的观众（图1-12），他们徜徉在文物的海洋里，如饥似渴地吸收着中华优秀传统文化，这正是"让文物活起来"的最好诠释。

图1-12 身着明制服装的观众

这，是一个文物保护贯穿始终的展览。

纺织类文物属于有机质，而且馆藏明代服饰历经了 600 年岁月，已经十分脆弱，所以服饰展对展出的环境要求比较高，这给我们的展览提出了很高的要求：既要展示好，又要保护好，而且要展览未动、文保先行。我们在展览前做了文物保护的论证，按照专家的意见，先对展品进行评估，选择合适的展品，然后对展具的形式、辅料的质地、展台的斜度、文物光照的强度、观众流量的密度等展示时可能遇到的各方面问题采取相应的措施，从而既保证展出的良好效果，又能在展览时加强文物保护。在接触服饰文物时，在文物的持拿、提取和翻动等环节，我们也总结出自己独到的经验。同时，采取科技手段，对文物进行摄影和三维立体扫描，形成数字化保护与实物保护相结合的模式。当然，文物展出时，对文物的状态影响最大的是展出的环境，最关键的是文物所处的温湿度环境，这是预防性保护最重要的防线。我们采用湿膜加湿等技术对展厅大环境与展柜微环境进行改造，达到恒温恒湿的效果，有效地避免了纺织品在展示时受到侵害，做到了预防性保护。值得一提的是，展览专门辟出一个版面，用于展示明代服饰本体修复保护的成果，既关照到观众对文物保护的兴趣，又起到了普及文物保护知识的作用。

这，是一个链接传统与未来的展览。

诚然，"衣冠大成"是一个古代服饰展，但一个好的展览不应只着眼于古代，而应当在立足于中华优秀传统文化的基础上更好地服务于当下。现代社会越来越多地学习苏绣等精细工艺，鲁绣渐失其原有的风貌。"衣冠大成"中的鲁绣文物，使人们重新认识并爱上鲁绣。尤其是山东博物馆鲁绣传承人对鲁绣花鸟裙展品的复仿，更是掀起了一股鲁绣的热潮，对于鲁绣这种传统衣线绣的非遗保护具有重要的现实意义。展览还带动了旅游，成为文化与旅游有机结合的一个范例。

一个立意高的展览，能够链接传统与未来。明代服饰是在融合历代服饰形

图1-13 展厅尾厅设计

制、文化的基础上，结合时代需要形成的样式，这与今天我们面临的服饰创新环境极其相似。"知来处"——明代服饰源自中华民族深厚的古老文明土壤，我们回望历史，试图为今天的中国服饰创新碰撞出新的灵感，于是有了"明去处"，即"传统服饰在新时代的新表现"的展览内容，将古代服饰与当代华服潮流的碰撞与交融推向了高潮，并链接起传统与未来（图1-13）。知来处，明去处，回望历史，树立文化自信；立足当下，继承优秀基因；展望未来，发扬中华文明。

四、余音久绕梁

"衣冠大成"一开放即引起社会的广泛关注，吸引了大批青年观众，尤其是传统服饰爱好者纷纷前来打卡，成为明代服饰爱好者的一次大集会。据不完全统计，展出期间展览观众量达 45.43 万人次，其中未成年观众量达 14.91 万人次。我们通过微信、微博、抖音等平台进行新媒体宣传，实现了展览信息定期推送与实时互动，相关图文、短视频阅读量破百万，线上互动量达 2300 万条。媒体也聚焦"衣冠大成"，展出期间共有 97 家媒体做了 207 篇报道，其中包括央视频道、新华社、学习强国、光明网、人民网以及法新社等媒体的宣传报道 41 篇。文创产品挖掘传统服饰古典美学智慧，通过授权开发、跨界合作等模式从"文化＋生活""文化＋线上平台""文化＋金融"三个维度进行演绎，共推出图录、文物仿制品、文具、服饰、生活用品等八大类近 200 种产品，在线上、线下多渠道展开宣传营销，受到热捧。2021 年 5 月 18 日，"衣冠大成——明代服饰文化展"荣获第十八届（2020 年度）全国博物馆十大陈列展览精品推介"精品奖"。

"衣冠大成"应国潮崛起之时而生，对于传播优秀传统文化、推动优秀传统文化融入新时代、塑造"中国风度"、展示"中国气派"、增强文化自信是一次积极、有益和重要的实践。"衣冠大成"影响了一座城，无数华服爱好者从全国各地涌来，只为一睹明代服饰的风采；"衣冠大成"带动了一群人，无数年轻人因为展览而爱上了华服、爱上了中华传统文化。

由于新冠疫情的影响，很多观众没能来"衣冠大成"的展览现场观展。为此，"衣冠大成"上线了虚拟展厅，做到了展期无时限，成为永不落幕的展览。虚拟展厅上线的微博帖在发布后的第一周被转发 4666 次，获赞 4941 个，虚拟展厅的浏览量一直居高不下。目前网上还有非常多"衣冠大成"的回顾视频，更有大量希望"衣冠大成"继续展出的呼声。关于展品的微博话题一直在延续，国内很多华服的节庆和活动也以我们的明代服饰展品为活动素材。2022 年 9 月 29 日还有观众 @ 我，提醒说当天是"衣冠大成"开展两周年纪念日，夸赞展览"功德无量"，对华服圈整体水平的提升起到了非常大的推动作用。展览落幕两年了，还有人心心念念，他们的用词或许过奖，但对展览的赞誉并非个例。

　　"衣冠大成"不仅增加了观众的古代服饰知识，更是中华优秀传统文化对全社会的一次浸润，泱泱华夏，与君同袍。俱往矣，策精品展览，还看明朝。

衣冠大成

An Agglomeration of
Hats and Clothes

导　览

衣冠大成

　　"衣冠大成——明代服饰文化展"基于翔实的文献资料，追踪古代服饰研究的前沿热点问题，借鉴并吸收学术界在名物考证、服饰形制和功用、服饰对外影响等方面的最新研究成果，以"天下第一家"孔府旧藏明代服饰为主要切入点，聚焦传统服饰文化和礼仪，是对明代服饰艺术和文化的展示，是明代人社会生活风貌的再现，更是对中华民族历久弥坚的礼乐传统和以儒家美学为源流的华夏美学的巡礼。

一、知来处

　　序厅"知来处"，简要介绍中国服饰发展史，以及明代服饰在整个服装史中的地位。

　　周代时冕服制度已基本确立。春秋战国时期，深衣和胡服业已出现。时至秦汉，女装仍沿袭深衣样式，男子则以袍为贵。汉代服饰在先秦服饰的基础上出现了比较明确的功能分化。西汉末到东汉时期又结合儒家理论重新创立了冕服，《后汉书》中也加入了"舆服志"专章，因此汉代是后世服饰制度的奠基期。东汉后期到三国则是一个转型期。两晋南北朝出现了各民族的大碰撞、大融合，文化艺术开始走向多元化，"褒衣博带"成为魏晋风度的标志。这个时期的服饰也吸收了少数民族服装的元素。隋唐是中国服饰的重要转折期，服装的款式、色彩、图案等都呈现出前所未有的崭新局面。男子日常着装为圆领袍衫，而女子则盛行穿襦裙。伴随丝绸之路的兴盛，来自西域的艺术、时尚和宗教影响着唐人的生活与着装，来自西方及北方游牧民族的服饰与中原传统服饰不断融合，从而产生了全新的服饰文化，并对后世产生巨大影响。唐代与世界各国的频繁交往，对其他国家的服饰也产生了影响。五代服饰在晚唐基础上进一步发展。北宋建立后对服饰制度进行了整理修订，文化艺术与社会生活再次进入繁荣时期，审美的变化带来了新的时装潮流。在宋代，男装仍沿用唐制，女装则一改唐风，体现瘦长、苗条，讲究内敛含蓄。元代由于外族统治，在服装风格上的变化比较大。同为少数民族建立政权的清朝，则实行严格的剃发易服令，由于"男从女不从"对女子网开一面的政策，使得满汉服饰形成并存和融合的态势。

　　纵观整个中国服饰史，处在元朝和清朝之间的明朝服饰，呈现出鲜明的特色。朱元璋建立明朝以后，为了维护统治采取了一系列强化专制集权的措施，制定了一系列行之有效的礼仪制度，包括服饰制度。服饰制度自明朝开国初设，洪武三年（1370）官方定制，此后不断调整，到洪武二十四年（1391）进行了大规模更定，基本得以确立，永乐、景泰以及嘉靖年间有过小的修订，最终形成一套等级有序、规制浩繁的服饰体系。社会经济的繁荣和丝织业的高度发展，大力推动了明代服饰的发展。明代服饰摒弃了元代色彩单一、窄衣紧袖的着装风格，上承周汉，下取唐宋，恢复了中国传承了上千年的汉服传统，宽大飘逸，潇洒富丽，又因时而变增添了许多新的内涵，成为华夏古代服饰艺术的典范，并对后世及周边国家服式、审美等产生了广泛而深远的影响。

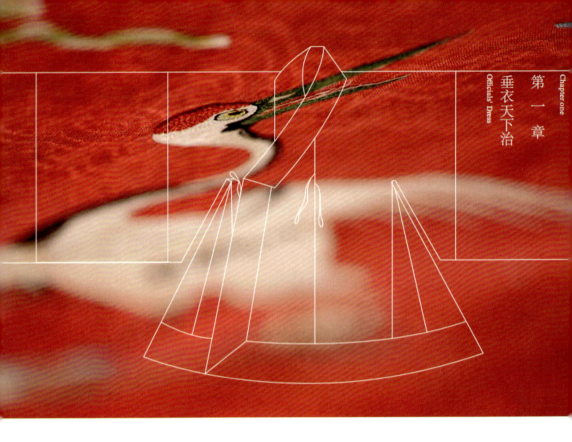

第一章
Chapter one
垂衣天下治
Officials' Dress

图2-1　展览图录　"垂衣天下治"

二、垂衣天下治

　　展览的第一单元是"垂衣天下治"（图2-1），主要展现官员制度明确规定的服装类型。

　　明代官制服饰是明代"礼"文化的典型代表，它以儒家思想为基准，进一步强化了官员的品阶在服饰上的表现，突出了贵贱有别、上下有等的特点，达到使人"见服能识官、观饰而知品"的效果，按功用分为朝服、公服、常服、忠静冠服等。

品级	一品	二品	三品	四品	五品	六七品	八九品
梁冠	七梁	六梁	五梁	四梁	三梁	二梁	一梁
革带	玉	犀	金	金	银钑花	银	乌角
佩绶	玉佩，四色云鹤花锦，绶环二，用玉。	玉佩，四色云鹤花锦，绶环二，用犀。	玉佩，四色锦鸡花锦，绶环二，用金。	药玉佩，四色锦鸡花锦，绶环二，用金。	药玉佩，四色盘雕花锦，绶环二，用银镀金。	药玉佩，三色练鹊花锦，绶环二，用银。	药玉佩，二色灟鶒花锦，绶环二，用铜。
笏板	象牙	象牙	象牙	象牙	象牙	槐木	槐木

图2-2　明代不同品级的官员朝服

（一）朝服

　　朝服是等级地位较高的一类冠服，应用于比较隆重的大朝会或仪式中。《大明会典》载，凡大祀、庆成、正旦、冬至、圣节及颁降、开读、诏敕、进表、传制时，官员穿朝服。它采用上衣下裳制，由衣和裳组成。朝服定型于汉代，历代相沿。明代朝服承袭唐宋之制，不论文官、武官，穿着朝服时一律着梁冠、赤罗衣、赤罗裳，内衬白纱中单，腰系玉革带，手执象牙笏板，脚着夫子履。明代品级划分极为严格，以冠上梁数、革带、锦绶织色和花样、笏等层次分明的七个等级，来规定官员品级间的服饰规范（图2-2）。

图2-3 明 朝服（山东博物馆藏）

　　展览中的朝服具有以下意义：其一，它是现存时代最早、保存最完好的朝服。朝服在文献典籍中多有记载，但明代以前的朝服实物没有保存下来，目前也没有出土。上海明代韩思聪墓出土了明代朝服部分服饰，而传世朝服只有山东博物馆收藏的衍圣公朝服上衣和下裳齐全（图2-3），是一套完整的朝服。朝服里面穿白纱中单，类似于今日的衬衣，我们在展览中将白纱中单也一同进行了展示。朝服原来残损严重，山东博物馆于2014年进行过修复。观众对于文物的修复有极大的好奇和兴趣，我们在展览中将修复的过程也一并展示，以飨观众。其二，它的颜色是明代"赤"色的标本。隋唐以前，以印绶的颜色区分官员的阶品；隋唐以降，品官服色取代了印绶制度，对等级地位判别的标准逐渐由印绶颜色转向官服颜色。明代尚赤，我们从甲骨文造字结构来看，"赤"上面是"大"，

图2-4　明　梁冠及其结构（山东博物馆藏）

表示一个大人，下面"火"意为人在大火边跳舞，火把人照得全身通红。《说文解字》以五行理论来解释："赤，从大，从火，南方色也。"那赤色到底是什么样的颜色？古代没有照相机，《大明会典》记载朝服的颜色为赤色，山东博物馆藏朝服的颜色就成为"赤"色的标本，成为明代赤色的标准色卡，通过它，才能直观而准确地认识何为大明赤色。

　　穿着朝服时需头戴梁冠。梁冠，古称进贤冠，是我国古代首服中使用最广泛、影响极为深远的一种冠式。明代梁冠最高级是八梁冠，为公专用；侯、驸马及一品官冠七梁；二品官冠六梁；三品官冠五梁；四品官冠四梁；五品官冠三梁；六、七品官冠二梁；八、九品官冠一梁。展览中的梁冠（图2-4）是1800年进贤冠史上现在唯一可见的传世进贤冠。冠的颜题正中为宝相花，象征富贵的牡丹、象征纯洁的莲花和象征坚贞的菊花，三花合为宝相，外饰海棠花形双圈金池。冠顶上现遗存五道皮质梁，宝相花右边三道、左边两道，最左边有梁钉缝过的痕迹，可以判断，山东博物馆藏的梁冠在当时至少为六梁。文献制度规定与朝服搭配的是黑履，但是明代后期红色云履流行，用红色云履来搭配朝服也就比较常见了。展览中的夫子履（图2-5），镶饰如意云朵，有着平步青云的美好寓意。

　　看过身居二品的衍圣公的朝服和梁冠文物后，我们来看一下按规定只能戴二梁冠的下层官员穿着朝服的效果，青岛市即墨区博物馆藏明代蓝章朝服画像。蓝章（1453—1525），山东即墨人，明宪宗成化二十年（1484）进士，官至南京刑部侍郎。画像中蓝章身着红色朝服，头戴梁冠。画像为弘治十年（1497）蓝章任贵州道监察御史时所画，按照规制，监察御史为正七品，梁冠为二梁，颜题正中为图案獬豸。獬豸是中国古代神话传说中的独角兽，通人性，辨是非，识善恶，是监察御史执法官的象征，在现代也是法律和公平的象征。穿着朝服的场合是要手执笏板的，笏板是大臣在上朝觐见时携带的"笔记本"，用来记录要上奏君王的话以及君命和旨意。上朝时为表示对天子的敬意，臣子以笏板遮面，勿直视天子。民间传说蓝章不畏权贵，在与太监刘瑾争论中曾拿笏板敲打刘瑾，以致把笏板敲下来一块，后来在笏板上镶了一条金边。实际上，按照明代规制，一至五品的笏板材质为象牙，六、七品笏板为槐木。蓝章所执应为槐木笏板，如果槐木质地的笏板敲掉一块，是不可能用价值远超槐木的贵重的黄金来修复的。画像中笏板为象牙白色，并非真是象牙所制，只是槐木刷了白色颜料而已。蓝章朝服画像是个体像，与之搭配的版面《徐显卿宦迹图之皇极侍班》则是群体像，参加大朝会的各级官员，除锦衣卫及侍卫将军，均身着红色朝服，蔚为壮观。

图2-5　明　夫子履（山东博物馆藏）

（二）公服

公服用于早晚朝奏事、侍班、谢恩、见辞等，后改为在外文武官员每日清早公座时穿公服，后来在京文武官员只在朔望日具公服朝参，外任官则初莅任望阙谢恩时穿公服，因此公服是明代官员服饰中使用场合较少的一类服饰。它一般是以颜色来区分官员等级的，四品以上为绯袍，四至七品为青袍，八、九品为绿袍。不同等级官员的公服服装面料的图案也有相应的规定，但就现存的孔府旧藏红色盘领纱袍公服来看，其是素面无纹的，以绞纱组织为地。圆领、大襟右衽、宽袖，左右两侧出摆。颜色为绯色，此乃高等级官员服色。与公服相搭配的帽子是展脚幞头，宋代的包公戴展脚幞头的形象令我们记忆深刻，明代幞头承袭的就是宋代形制，不过，幞头的脚缩短变阔，展品孔子博物馆藏展脚幞头是明代幞头典型的实例。

与着青色公服的七品蓝章（图2-6）相对应的是明代著名诗人、文学"前七子"之一的边贡（1476—1532），其官至南京户部尚书。他的画像也是身着圆领右衽绯色公服，头戴展脚幞头，手持笏板（图2-7），佩戴鞓青色单挞尾革带，挞尾绕腹一周半后垂于身体左后侧。清代张谦宜称赞边贡"朱衣方幞，正立如鹄"。张谦宜曾被康熙任命为皇子的老师，这段文字由书画家高凤翰书写。

（三）常服

常服由乌纱帽、圆领袍、束带、黑靴组成。它是明代官员日常的公务服装，是大家最熟悉的明代官员的服装。圆领袍里面可以穿贴里，也可在贴里外叠加褡护。当然，贴里是可以单独穿着的。在明代，圆领袍与帽和靴的穿戴顺序也是有讲究的。《醒世姻缘传》有段记载说，着装一般是先穿靴戴帽，再穿圆领袍；卸装则是反之，先脱圆领袍，再摘帽脱靴。

图2-6 明 御史奉敕图轴（局部）（青岛市即墨区博物馆藏）

图2-7 明 边贡画像（山东博物馆藏）

　　常服圆领袍的前胸和后背各有一个方形的纹样，极富装饰性和辨识度。此来源于唐朝。《旧唐书·舆服志》记载，唐武则天曾把饰有动物纹样的绣袍赐给文武官员，以此作为品级官位的标识。到明代，文官用飞禽图案，武官用走兽图案，高度凝练为文化符号用于常服上，并和象征等级的内涵结合起来，成为明代官服制度中最突出的特点，展现了中国传统文化丰富多彩的审美意识，具有深厚的文化底蕴。如文官一品用仙鹤，比喻穿着者的道德品行洁白无瑕；六品用鹭鸶，以其"群飞成序"比喻朝臣之班次，要求朝臣恪守礼制，尊卑有序；犀牛纹样用于武官，以犀角之坚韧锐利喻精锐之师，又因犀角燃烧之火焰谓之"犀火""犀照"，比喻洞察幽微而富韬略；獬豸为独角神兽，善断曲直，因此监察执行法纪的风宪官用獬豸图案。

　　图样最初是直接织在袍料上，或是绣在服装上。袍身中间为中缝，织的图案只能分布在左右两片料子上，制作衣服时难以拼接得天衣无缝。绣则相对整齐一些。嘉靖年间，出现了将图案织或绣在一块40厘米左右见方的面料上，再将其钉缝在服装上的方法。这块标志官员品级图案的料子称为"补子"，相应地以"补服"代称官员常服。这块补子是一块完整的织料，也是一个完整的图案，更加美观。这种设计也非常实用，因为胸背容易磨损，如果只是胸背坏了，或者官员升迁，不必将整个袍子废掉，只替换补子就可以，比较经济和方便快捷。从胸背或补子的变化，我们可大致判断服装的早晚，一般来说，补服相对胸背服要晚一些。如山东博物馆藏蓝色暗花纱缀绣仙鹤方补交领袍（图2-8），其明代文官一品云鹤图案就是在单独的补子上，为上下翻飞的一对仙鹤。明代补子禽兽的数量随着时代的变迁也有变化。明代服装宽大，胸背的图案禽兽多为一对。到明代晚期时出现了单禽，比如孔府藏孔子第六十五代孙衍圣公孔胤植的半身像，胸前的补子图案鹤虽只露出上面一小部分，但从其仰望的姿态可以判断，应为单禽。山东博物馆藏衍圣公大红色暗花纱缀绣云鹤方补圆领袍也是单禽补（图2-9）。

图2-8　明　蓝色暗花纱缀绣仙鹤方补交领袍（山东博物馆藏）

图2-9　明　衍圣公大红色暗花纱缀
绣云鹤方补圆领袍的云鹤方补（山
东博物馆藏）

图2-10　明　平翅乌纱帽（山东博物馆藏）

　　与补服对应的官帽是乌纱帽，后成为官员的代名词。明代乌纱帽是由幞头衍变而来的一种冠服式样，帽体由前屋、后山两部分组成：前屋低，紧贴头部，适应古人蓄发不剪的习惯；后山高，内空以承发髻。乌纱帽的样式在明代也有变化，从明沈度画像可见明初时帽体尤其是后山部分较矮且前倾，展脚弯曲向下。后来，帽体变得高耸端重，展脚逐渐变宽变平直，比喻不避权贵，执法公正，山东博物馆藏的就是这种平翅乌纱帽（图2-10）。

　　袍服腰间系革带彰显身份和地位，带銙的材质与佩戴者的身份等级相对应。一品为玉带，二品为犀带，三、四品为金带，五品以下为乌角。《戚少保年谱耆编》载：嘉靖四十一年（1562）七月，戚继光做了一个梦，梦见众人皆是腰缠金带，独自己与张元勋"腰玉"。这个梦是一种祥兆，预示着戚继光将立功升职。戚继光在随后的战争中，愈战愈勇，屡战屡胜，捷报频传。

　　展品白玉透雕玉带（图2-11、图2-12）即采用透雕工艺，带板透雕麒麟、松

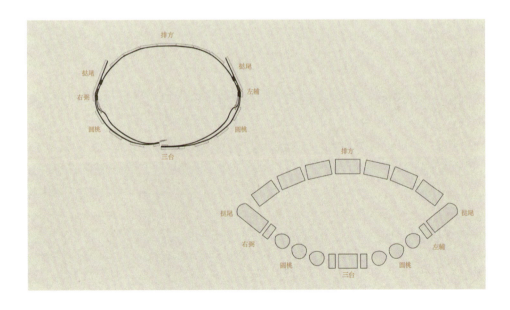

图2-11　明　白玉透雕玉带（山东博物馆藏）（上）

图2-12　玉带结构（下）

图2-13　明　牙雕朝参牌〔山东博物馆藏〕

竹、花鸟纹，镂刻精细。展览还展示了一个特别通行证——牙雕朝参牌（图2-13），为文武官员出入禁门时佩戴。此参牌为衍圣公所有，长15.7厘米，宽7.1厘米，厚1.6厘米，长方圆顶，上端云花有穿孔。正面刻"衍圣公"，背面为使用规章："朝参官悬带此牌，无牌者依律论罪。借者及借与者罪同。出京不用。"侧面刻有编号"文字柒百柒拾叁号"。头戴乌纱帽，身穿补服，腰系革带，悬挂朝牌，即为典型的官员形象（图2-14）。

（四）忠静冠服

忠静冠服定于嘉靖七年（1528），其式样参酌古时玄端服制，取"忠静"之名，意为进思尽忠、退思补过。其形制为：头戴忠静冠；服用古之玄端，以纻丝、纱、

图2-14　画像、服饰组合展示

罗制成，三品以上饰云纹，四品以下用素，边缘以蓝青，胸背饰以本等花样补子；内衬玉色深衣；素带；素履白袜。这属于次一级的礼服，是明代文武官员的燕居官服，是对应上朝而言，为下班后的正式活动如会客等所穿。文献记载，戚继光为整顿军纪，曾对军营中不穿戎服而着忠静冠服的人进行惩戒。孔子博物馆藏忠静冠，也是珍贵的实物，辅以北泉忠静冠服像（图2-15）展示，给人直观的印象。北泉头戴忠静冠，衣服料子素无纹饰，边缘为蓝色，胸背补纹为獬豸，腰束大带。

图2-15　明　北泉忠静冠服像（青岛市即墨区博物馆藏）

（五）命妇服饰

命妇泛指有封号的妇女，一般是官员的母亲和妻子，俗称"诰命夫人"。母以子贵，妻随夫荣，命妇因子或夫而受到朝廷封赏，在着装上也有相应的规定。明代命妇冠服制定于洪武时期，其间经过多次修改。命妇冠服分为礼服和常服两种。礼服用于朝见君后、参与祭祀等大典，其形制为翟冠、大袖衫、霞帔、褙子等。常服为翟冠、圆领等，圆领缀补子，补子的纹样随其夫或其子的品秩。在实际制作、使用过程中，命妇冠服出现了很多变化，与制度不符的现象非常多，这在传世的明代命妇容像、传世及出土的命妇服饰中都有所表现。

前面讲过的蓝章，其母于氏和其妻徐氏，都因蓝章而得以诰封，她们皆身着隆重的服饰，请人画了像。蓝章的母亲和夫人的画像表现了"母以子贵"和"妻以夫荣"不同身份的命妇程式化的着装方式。蓝章之母于夫人头戴翟冠，额头扎包头，身穿大红色圆领袍，袖口加缀袖缘，胸部饰鹭鸶补。圆领袍内穿短袄，领口缀白色护领，下着金襕官绿裙，这是一种常服的穿着（图2-16）。妻子徐夫人也是头戴翟冠，额头扎包头，身穿红色大衫，深青色孔雀纹霞帔，底端缀钑花金坠子，手执笏板。大衫内穿圆领短袄和金襕官绿裙（图2-17）。这是一种与夫君朝服相搭配的礼服。这里的翟冠后来演变为俗称的凤冠，"凤冠霞帔"在明清以来一直被当作朝廷命妇身份的象征，"虹裳霞帔步摇冠，钿璎累累佩珊珊"。女子出嫁时也可以穿着此装束，以示荣耀。

命妇服饰部分的重点展品是赭红色暗花缎缀绣鸾凤圆补女袍，圆领，大襟右衽，宽袖收口，左右开衩并纳褶，下摆前短后长，前胸、后背处各缀一圆形补子（图2-18）。圆补上的图案为左凤右鸾。在流云的环绕下，鸾凤雌雄相对、凤协鸾和。凤彩尾挥舞，似彩虹当空；鸾卷尾上扬，如舒云凌空。虽然鸾略高于凤，但是整幅图案在视觉上既对称平衡又不显呆板，既丰满端庄又轻盈柔和，给人一种恬淡舒适、娴静优雅的美好感觉。

图2-16　明　蓝四世祖于夫人画像（青岛市即墨区博物馆藏）

图2-17　明　蓝五世祖徐夫人画像（青岛市即墨区博物馆藏）

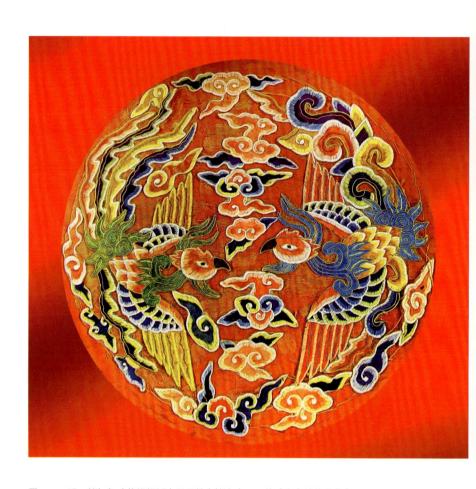

图2-18 明 赭红色暗花缎缀绣鸾凤圆补女袍之鸾凤圆补（山东博物馆藏）

展品绿色素纱单袍的形制也颇有特色，下摆前短后长，后片底摆边角向外对折，再向后折返钉缝于衣身上。此袍原本为补服，前胸和后背可看出方补缀痕，今方补已不存，无从得知此服饰为何级别。

图2-19　展览图录　"华锦庆嘉时"

三、华锦庆嘉时

　　展览的第二单元是"华锦庆嘉时"（图2-19），主要呈现了明代吉服。

　　吉服在明代并未进入冠服制度之中，但在各类典章政书、文学作品中却被屡屡提及，另外，明代容像画中有很多这类服饰的形象，衍圣公府及各地明墓中也都有传世或出土的服饰实物。这类服饰多应用于时令节日、寿诞、筵宴、婚礼等吉庆场合，故将这类服饰统称为"吉服"。

　　明代吉服式样繁多，有圆领、直身、道袍、曳撒、贴里、袄裙等；用色明朗，多用大红等喜庆色彩。吉服的纹饰华丽精美，多使用带有吉祥寓意的图案或应景题材，表达了人们对美好意愿的祈盼，赋予了服饰浓厚的文化意蕴。此外，吉服还大量运用提花、妆花、织金、刺绣等工艺技术，展现出绚丽多彩、富丽堂皇的视觉效果，是技术与艺术相结合的完美典范。吉服按照款式基本可分为两大类，一类是云肩通袖膝襕即长袍式，另一类是袄裙搭配的两截式服装。

（一）宽袖长袍

明代盛行宽袖长袍的穿衣风格，金花束带锦袍为吉服，"云肩"由以领口为中心的四朵云形组成，像是云彩围绕在肩头。"袖襕"指的是两个袖子从肩部到袖子末端贯通的装饰区域。"膝襕"是袍服前后襟膝部的装饰区域。云肩、袖襕、膝襕的装饰图案通常使用相同的主题和元素。最初在衣服前胸、后背和两肩处勾勒云头式轮廓，到明后期云头面积慢慢扩大，与袖襕相连成为一个整体，图案更加和谐、华丽。

万历年间，意大利传教士利玛窦来中国传教时，很快就发现了当时的社会阶层不同所着服装也不同的社会现象。为了方便传教，他入乡随俗地穿起了明代长袍。利玛窦曾说，"当会友、出席重大的节庆或者同那些有官职的人交往时，中国人都穿这种服饰，受访者也要着同样的官袍或者与其身份相符的服饰来迎接"。

云纹是明代服装上较为常见的图案。古人常将云和气联系在一起，把云看作天气的象征符号。云可造雨滋润万物，故延伸出了"祥云"之说，而且在神话故事中，长生不老的神仙都是驾云而来、乘云而去的，所以云纹还有长生不老的寓意。云纹，有时被单独使用为主题纹样，有时与龙、凤、蟒、飞鱼、斗牛、麒麟、鹤等纹样搭配应用，不同的组合方式有不同的寓意。另外，云纹的造型不尽相同，其象征的意义也各不相同。明中期以后，由如意与云头组合而成的四合如意云纹成为代表性纹样，被大量使用于男装之上。孔府旧藏墨绿色妆花纱云肩通袖膝襕蟒袍、茶色暗花纱云肩通袖膝襕蟒道袍、蓝色暗花纱道袍、绿色暗花纱单袍、湖色云纹暗花纱单袍等服饰的底纹均为四合如意云纹。云纹具有蕴势之美、含蓄之意，将内"意"藏于外"势"之中，呈现出动中有静、静中有动的视觉效果。四合如意云纹常以完美的弧度与曲线循环于"云海"之中，流动的线条和优美的造型充满着生机和活力，呈现出行云流水的美妙态势，彰显着"势来不可止，势去不可遏"的动态之美，有直步青云之感。孔府藏明代服装底纹中还常见"回"字纹、"卍"字纹等文字纹样，以及牡丹、莲花、菊花、梅花、兰花和石榴花等花卉纹样（图2-20）。"图必有意，意必吉祥"，这些纹样常被应用于衣料、边饰和补子等部位，与平金、平绣、戳纱、铺绒等刺绣技艺和谐地结合在一起，寄托了人们安居乐业、夫妻好合、多子多孙和多福长寿等美好愿景。

　　吉服大量运用了蟒、飞鱼、斗牛和麒麟等高等级纹样，在前胸、后背及两肩处呈云朵般分散排布，形成柿蒂形四合云肩，远远看去非常贵气。它们具有特殊的意义。无论是蟒、飞鱼、斗牛还是麒麟，这些纹样远看都和龙有几分相似，其分辨的方法在于细微之处：龙和蟒的区别在于爪的数量是五还是四，五爪为龙四爪为蟒；飞鱼和蟒的不同在于尾巴是鱼尾还是火焰，飞鱼为鱼尾，蟒尾巴是火焰状；辨别蟒和斗牛的关键是看它们的角是直的还是弯的，蟒角直而斗牛角弯；麒麟与其他几种纹样比较好区分，但蟒化的麒麟还要根据其独特的牛蹄才能确认。在孔府旧藏男装中香色麻飞鱼贴里和墨绿色妆花纱云肩通袖膝襕蟒袍，以及女装中香色芝麻纱过肩蟒长衫、大红色妆花纱飞鱼纹长衫和大红色绣过肩麒麟鸾凤纹袍等服饰上，威风凛凛的蟒、飞鱼、斗牛或麒麟常两两首尾相接，饰以海水江崖、杂宝、彩云等辅纹，气韵生动，活泼流畅。

　　飞鱼服是高等级纹样中备受观众喜爱的一种。飞鱼最早来自印度神话里的摩羯鱼，是古代文化交流的见证，当时的造型还是以龙头鱼身为主，宋元以后身体逐渐拟龙化。到了明代，飞鱼服成为宫中使用的高等级纹样的服装，最早是皇帝身边的侍

蟒纹

《尔雅》释义："蟒，王蛇。"蟒的本义应为大蛇，但结合文献记载、传世及出土的蟒服实物可知，明代蟒纹是有足、有角的形象，极类龙纹，只是比龙少一爪(趾)。明沈德符《万历野获编·补遗》卷二载："蟒衣如象龙之服，与至尊所御袍相肖，但减一爪耳。"明代蟒纹形象主要有过肩蟒、行蟒、升蟒、团蟒等。

飞鱼纹

应用在服饰上的飞鱼纹，是仅次于蟒纹的高其最初特征为龙头，两足(四爪)，双翼，有腹鳍一𣿬尾部是朝两边翻卷的"鱼尾"。明中期以后，飞鱼纹变化，形态近似蟒纹，四足(腹鳍消失)，双翼或有或留"鱼尾"特征。

行蟒　　　升蟒

过肩蟒　　　团蟒

飞鱼纹　　　飞鱼纹

明代织物上的飞鱼纹

云纹

"祥云献瑞"，是中国吉祥文化赋予变幻莫测的自然景观云的象征意义。明代云纹形式多样，有分岔飘逸条状的云纹、有如意云头与云尾组合的云纹、有小卷云纹、有层层相叠的如意形云纹。明中期以后，如意云头组合成的四合如意团云，逐渐成为云纹的代表形状。

花卉植物纹

花卉是明代织物中常见的装饰题材，除取其外，还注重这些题材的象征寓意。花卉纹样可单独样，也可相互组合共同构成装饰母题，同时还可作的辅纹出现。花卉造型主要分为变形较大的缠枝实性的折枝花。

云纹

四合如意云纹　　　云纹

缠枝花　　　折枝

图2-20　明代服饰典型纹样

斗牛纹

斗牛并非牛形,而是一种想象的神兽形象,明《三才图会》解释斗牛之形为"斗牛,龙类,甲似龙但其角弯,其爪三"。斗牛纹与龙纹的区别主要在角,明代斗牛纹通常为蟒形、四爪(明后期也出现五爪)、鱼尾(或为尾状刺鳍)、双角向下弯曲如牛角状。

斗牛纹

斗牛纹

斗牛纹

麒麟纹

在中国文化中,麒麟象征祥瑞,是理想化的仁兽。明代麒麟的形象大致为龙首两角,蹄状足,周身布满鳞甲,牛尾或狮尾。从现存的传世服饰实物、文献记载及画像来看,明代麒麟纹以立式和蟒化两种形象较为常见。

蟒化麒麟纹

立式麒麟纹

几何纹

常见的几何纹样有绵延的卍字纹、回纹、六角龟背纹、双钱纹、曲水纹等。卍音"万",有"放大光明、吉祥万德"之意,将卍字向四方连续重复排列,称为"卍字不断头",寓意富贵不断头。回纹因其构成形式回环反复、延绵不断,而被赋予连绵延续、吉祥永长的寓意。

折枝花

卍字不断头纹

回纹

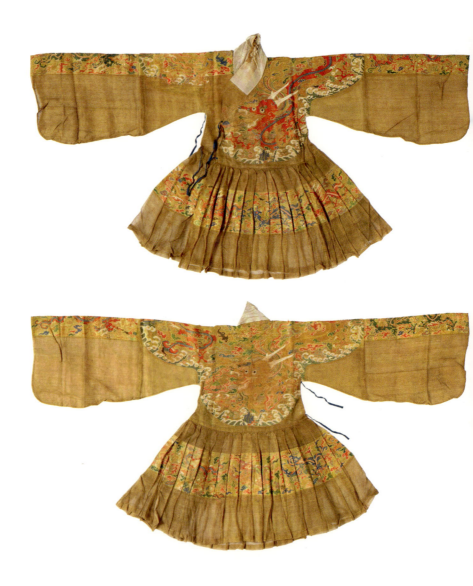

图2-21 明 衍圣公香色麻飞鱼贴里（正面）（山东博物馆藏）（上）
图2-22 明 衍圣公香色麻飞鱼贴里（背面）（山东博物馆藏）（下）

从在举行礼仪活动或随行护驾时穿着，以衬托帝王的威严，后来皇帝将之作为赐服赏给有功的大臣，以示恩宠，于是飞鱼纹饰成为荣誉的象征，造型也由半龙半鱼逐渐演变成龙蟒的形态。皇帝常将蟒、斗牛、飞鱼、麒麟等高等级纹饰的衣服，或使用这些纹饰的待遇赐给官员，一经赐予，官员就享有了穿着该类纹样的特权，他的夫人或母亲也享有同样的权利，制作衣服时就可以将图案自由使用在各种款式、各种材质和不同颜色的衣服上。展览中的衍圣公香色麻飞鱼贴里（图2-21、图2-22），就是皇帝所赐，目前能看到传世的飞鱼服就只有这件男装和另外一件女装，飞鱼非常接近龙蟒的造型。"贴里"款式，是一种上下分裁的结构，它看起来很像一件连衣裙，但其实并不是。它是男装的造型，吸收了元代的风格，贴里的下摆打满褶裥，相比一般的袍服更加宽大，方便骑行。官员士人穿常服或便服时，也可把贴里用作衬袍来穿，以使下摆显得宽松挺括，更符合当时人们的衣着审美。因为古代男子以富态为美，在外衣里面衬上贴里，可以使人显得更加丰满。不过，贴里也可外穿，明衍圣公香色麻飞鱼贴里，采用妆花工艺织出色彩斑斓、纹饰精美、凌空腾飞的飞鱼，这么精美的服装，当然是要穿在外面的。那，明代男子是否穿裙子呢？明代男子的裙式基本只有朝服中的裳。当然也有特殊情况，比如旅游时有的男子系围裙，还有的为了表示崇尚古意，偶尔会着裙装参加雅集。

山东博物馆藏的茶色织金蟒妆花纱道袍（图2-23），身长134厘米、腰宽58厘米、两袖通长250厘米、袖宽67厘米。直领、大襟右衽、宽袖，领部加白绸护领。此件道袍采用云肩袖襕和膝襕的装饰手法，云肩处织饰四条飞舞的蟒、海水江崖及云纹、杂宝纹等，袖襕和膝襕处则织饰行蟒。主面料为二经绞地子上以平纹组织显花，纹样为四合如意云纹、杂宝纹等。整件衣服稳健、庄重，为衍圣公服。

明代是肖像画发展的黄金时期。这一时期，肖像画种类繁多，有喜神、家堂、肖像、行乐等类别。这些画像在艺术上有诸多成就，在以图证史方面，给后人留下了大量的资料，形象再现了明代的历史面貌，真实记录了大量的历史人物，对明代历史、文化史和工艺美术史等的研究具有不可替代的重要作用。因吉服华美威严，

图2-23　明　茶色织金蟒妆花纱道袍（孔子博物馆藏）

成为肖像画时着装的首选。第六十四代衍圣公孔尚贤衣冠像及其侧室张夫人，都有吉服画像传世，两人的画像表现了同级别的人物在同一场合下服装的搭配关系。第六十四代衍圣公孔尚贤身穿大红色过肩蟒袍，腰束革带，足蹬皂靴；继配夫人张氏，头戴珠翠翟冠，身穿大红色云肩通袖膝襕蟒袍，袍内穿黄色长袄，领口镶白色护领，袄内穿官绿裙，饰云蟒海水江崖纹，腰束镶宝石革带。孔子在《大戴礼·劝学》中如是说："君子不可以不学，见人不可以不饰。不饰无貌，无貌不敬，不敬无礼，无礼不立。"儒家文化认为服饰除具备基本的实用和审美功能之外，还要"约之以礼"，注重人的仪表和姿态。

　　女子也可穿着这样的长款袍服。山东博物馆藏大红色织金妆花纱云肩通袖膝襕四兽朝麒麟袍即为女服，圆领，大襟右衽，宽袖，左右开裾。主面料是二经铰地子上以平纹组织显花，纹样为缠枝莲纹；云肩、袖襕和膝襕处以1∶1平纹组织为地，以黄、蓝、绿、黑、白、红、片金等色彩绒丝为纹纬，采用挖梭技法织麒麟、豹、虎、獬豸、花卉、祥云、海水江崖等纹饰。麒麟是次于蟒、飞鱼、斗牛的高等级纹样，通常装饰在赐服和吉服上。麒麟是瑞兽，君子贤明、圣人来时才出现，是吉兆。又因有麒麟送子的传说，此套袍服可被选来做女子的婚典礼服。《醒世姻缘传》中童寄姐就穿着这种大红纻丝麒麟通袖袍，系素光银带，盖着文王百子锦袱，在四人大轿、十二名鼓手的护送下出嫁了。这件服装采用了织金和妆花工艺。所谓"织金"，就是织料上的花纹用金线织出，也有用金、银或银线织成的，统称为"织金"。织金中的金线有片金和圆金之分。妆花织物的特点是用色多，色彩变化丰富。在织造方法上，用绕有各种不同颜色的彩绒纬管，对织料上的花纹做局部盘织妆彩，颜色变换自由。妆花和织金工艺制作的面料（图2-24），华美富丽，代表明代丝绸发展的最高水平。

　　明叶梦珠《阅世编》讲晚明的冠服："衣渐短而袖渐大，短才过膝，裙拖袍外。袖至三尺，拱手而袖底及靴，揖则堆于靴上，表里皆然。"大红色绸绣过肩麒麟鸾凤纹女袍就是这个时期的女袍。面料是非常正的大红色丝绸，身长120厘米，而袖长213厘米、宽63厘米，衣短而袖肥。圆领，大襟右衽，宽袖，左右有摆，腋下

图2-24　明　大红色织金妆花纱云肩通袖膝襕四兽朝麒麟袍的面料（局部）（山东博物馆藏）

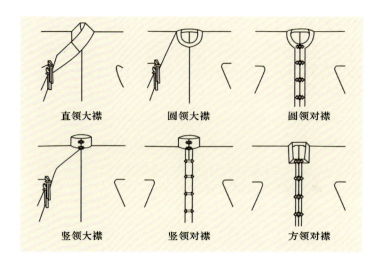

图2-25　明代袄衫领襟形制

一对红色系带。袍的前胸、后背处用金线和彩丝线刺绣出两条首尾相向的麒麟，是整件衣服中绣面最大的纹饰；袍袖正面饰一只飞翔的彩凤，彩凤翅膀用二至三晕色衣线刺绣而成，彩凤头部、腹部和爪以衣线刺绣；袍袖背面则刺绣形态类似升龙的麒麟；袍的下部中段的正面、背面各绣两条相对舞动的麒麟，下摆处绣饰精美的花朵，这种装饰取代了明代早期的膝襕，并向清代的服装过渡。

（二）上袄下裙

　　明代女子还有另外一种常见的穿衣方式，即上身穿袄衫，下身着裙，分作两截，这种着装明代称为"袄裙"或"衫裙"。"袄"一般指有棉或里子的夹衣，无里子的单衣称为"衫"。自唐宋以来，女子上身穿衣、下身着裙成为服装的

图2-26 明 蓝色麒麟方补妆花缎女短袄（山东博物馆藏）

基本形制。明代袄或缀补，或饰云肩袖襕，款式有长有短，领式有交领、圆领、竖领、方领之分（图2-25）；裙主要为马面裙，饰有裙襕。这种袄衫式的穿着方式也是明代女性的最基本形制。

山东博物馆藏蓝色麒麟方补妆花缎女短袄（图2-26），短衫，交领，右衽大襟，琵琶袖，袖端缩口。领口缀以白色护领，袖端缀白色袖口，腋下有两对红色的系带，胸背各织一块织金妆花麒麟纹方补。补子与衣料一同织成，制作成衣时按照纹饰进行拼接。补子的织造工艺精巧，在蓝色地子上，麒麟纹用圆金线织成，眼底用白色，黑色点睛，角及蹄用白色，火焰大红色，头部及尾部须发用黄色。麒麟周围的四合如意、莲花、海水江崖用片金勾边，五彩丝线织成。整件补子用色计有大红、白色、黄色、绿色、蓝色、黑色等，运用由深至浅或由浅至深的退晕过渡的配色方法，形成了明朗、富丽的装饰效果（图2-27）。此件女衣式样短小，下与马面裙搭配，形式美观大方。明代服饰的色彩搭配极其高明。这件女袄为蓝色，有暗花，护领和袖

图2-27　明　蓝色麒麟方补妆花缎女短袄的补子（山东博物馆藏）

口为素净的白色，腋下的两对系带没有采用本色，而是出乎意料地使用了大红色。红配蓝醒目且装饰性极强，是明代女子服饰较为流行的配色方法。《金瓶梅》中也有不少有关红袍配蓝裙的描写："蓝氏……身穿大红通袖五彩妆花四兽麒麟袍儿，系着金镶碧玉带，下衬着花锦蓝裙，两边禁步叮咚，麝兰扑鼻。""春梅……身穿大红通袖四兽朝麒麟袍儿，翠蓝十样锦百花裙，玉玎当禁步，束着金带……"

　　明朝社会经济的发展、丝织业的发达，促使人们开始追求奇装异服以及奢华的衣服，女子上衣袄衫出现尺幅越来越长的趋势，常垂至膝下，离地仅五寸（约三厘米），看起来甚至像袍子一样长，袖子也更宽，但是，它仍然是上衣，因为下部无膝襕。

　　比如，香色芝麻纱绣过肩蟒女长衫（图2-28），身长达126.5厘米，两袖通长220.5厘米，袖宽91.5厘米。立领，右衽大襟，宽袖，右侧腋下缀一对彩绣蝴蝶纹白飘带。前胸、后背各绣一只大金蟒，左右袖前后各绣一只盘金侧蟒，蟒纹周围绣饰浪花、花卉、如意云头。袍服的主体纹饰是"蟒"，据明代沈德符在《万历野获编·补遗》中所记，蟒的形式和皇帝所用的龙相似，但蟒比龙少一个爪，正和这件袍服上的蟒形式相符。《天水冰山录》记载，明代蟒服的花式有通身蟒、蟒补、过肩蟒、过肩云蟒、百花蟒等，这件袍服属于过肩蟒式。晚明时出现了服装僭制越矩的现象，而且在女子身上表现得尤为严重。各种蟒和龙的纹样成为寻常百姓服装上的装饰，诰命夫人才可以穿的命服也被普通女子当作常服穿出门招摇过市。不过，这件蟒袍属于中规中矩的，因为它是孔府内尊贵女子的服装，经与第六十五代衍圣公侧室陶夫人衣冠像对比，可以推测为衍圣公夫人的服饰。整件袍服绣工精美绝伦、流光溢彩，将明朝纹饰锦绣壮观、雍容华贵的特点体现得淋漓尽致（图2-29）。领部结构为领座开到右肩上，与圆领袍款式结构一样，但没缝制领条而是加缀立领，而这种在圆领袍上再加缀立领的形式，明代的出土服饰中并未发现。

　　衍圣公夫人有一件大红色飞鱼纹妆花纱女长衫（图2-30），可与衍圣公飞鱼服相搭配，也属于长款上衣。采用云肩袖襕的装饰手法，云肩为四瓣柿蒂形，以黄、

图2-28　明　香色芝麻纱绣过肩蟒女长衫（山东博物馆藏）（上）

图2-29　明　香色芝麻纱绣过肩蟒女长衫细节及面料（山东博物馆藏）（下）

图2-30　明　大红色飞鱼纹妆花纱女长衫（山东博物馆藏）

蓝、绿、黑、白、红、片金等色彩绒丝为纹纬，采用挖花技法织"飞鱼"与五彩海水江崖纹。这件衣服也是红与蓝的搭配，长衫为大红色，云肩上的飞鱼主体为蓝色。这种衣服通常是先织出根据服装款式而设计的带有纹样的面料，然后依照面料上的裁片结构直接裁剪缝制而成。但有意思的是，衍圣公夫人这件衣服袖子的装饰不知为何裁反了，粗心的裁缝什么朝代都有，而大明朝似乎更多，"粗大明"之风可见一斑。这件长衫腋下的飘带，也值得注意，飘带从前面那件蓝色麒麟方补妆花缎女短袄的一侧有两对可系的细飘带（图2-31），发展到香色芝麻纱绣过肩蟒女长衫的单侧一对绣花装饰的长飘带（图2-32），到这时已变为左右各一条，成为纯装饰用的飘带了。

　　裙子历来是女装中的宠儿，罗敷"缃绮为下裙，紫绮为上襦"，武则天"开箱验取石榴裙"，李清照"轻解罗裳，独上兰舟"……名女子尚且如此，普通女子更为裙子的魅力所折服。明代与女袄或女衫搭配的下衣一般都是马面裙，裙摆由两个裙片组成，两片一起缝合在腰头上或以扣襻相连接。这两个裙片分别在裙前和后面相互重叠，裙子腰两侧打褶，而前后中部重叠不打褶的光面部分，窄而纵长，为马面（图2-33）。由于中间部分无褶平整，这种款式能够让穿着者正面的观瞻效果更好。

马面裙的历史可以追溯到宋辽时期。据说宋代女子为骑驴而设计了一种旋裙，由两片面积相等的裙片缀连在裙腰上，裙片前后部分相互遮掩但不加缝合，这种旋裙成为马面裙的雏形。现存的实物是1975年福建福州南宋黄升墓出土的两片裙。到了明代，逐渐形成了马面裙，尤其盛于成化年间。这时，裙裥从腰头到裙摆不缝即为活裥，而且由裙子前后两边向身子侧面压褶，称为"顺风褶"（图2-34）。裙子下部蓬蓬张开，裙裥随着人的走动一张一合如水纹一样摆动，不无美秀。虽然马面裙属于围裹裙，但由于裙前面部分相互重叠，所以既方便行走，又不会走光。

明代马面裙基本都有膝襕和底襕装饰。膝襕一般位于膝盖部分，底襕位于裙子下部边缘处，这些装饰图案一般是连续的花纹，环绕裙子一周。随着上衣长短的变化，马面裙的襕的纹饰也相应地发生变化：搭配短上衣时因为上衣短马面裙显露出来得多，便比较重视膝襕的装饰，膝襕会比较宽；当长上衣流行时则将重点放在对底襕的装饰上，因为长上衣会将膝襕盖住，马面裙只有底襕会进入人们的视线。

明代马面裙马面部分的纹饰一般不自成一体，而是和整个下摆的纹饰一样，或纹饰区域的连续纹饰稍有不同。例如，红色暗花缎绣云蟒裙，裙襕部位采用平金绣等技法绣云蟒、杂宝、海水江崖等纹饰，富贵华美。再如葱绿地妆花纱蟒裙（图2-35），左右各四对褶子，马面部分的纹饰和整个下摆的纹饰相呼应但稍有不同，褶子部分的蟒为行蟒，而马面部位的蟒则为正蟒。

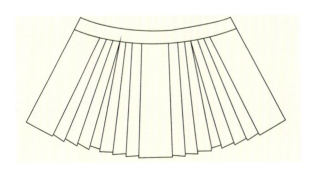

图2-31　明　蓝色麒麟方补妆花缎女短袄系带（山东博物馆藏）（左上）

图2-32　明　香色芝麻纱绣过肩蟒女长衫的飘带在同一侧（山东博物馆藏）（右上）

图2-33　马面裙形制（下）

图2-34　明　葱绿地妆花纱蟒裙的顺风褶（孔子博物馆藏）

　　马面裙采用的面料多为丝绸。现存的明代马面裙既有白色、墨绿色等素色的暗花纱，又有华丽的彩色织金妆花缎等面料。山东博物馆藏蓝色缠枝四季花织金妆花缎裙（图2-36），裙以七幅料制成，腰镶桃红色纱缘，裙腰两头各缀一条绿色丝穗系带。裙上部金织缠枝四季花纹，中部金织变形凤纹，下部为凤穿牡丹纹，裙摆处以五彩丝线挖织凤穿牡丹和莲花璎珞纹，各层纹饰间以金织"回"字纹分隔。它采用最复杂的妆花织造工艺，用绕有各种不同颜色的彩绒纬管，对织料上的花纹做局部盘织妆彩，颜色变换自由，色彩变化丰富，充分反映了明代发达的丝织业水平，其色调和纹样放在21世纪的今天都丝毫不过时，甚至可以引领风尚。

图2-35 明 葱绿地妆花纱蟒裙及马面部分正蟒纹样（孔子博物馆藏）

图2-36　明　蓝色缠枝四季花织金妆花缎裙裙摆（山东博物馆藏）

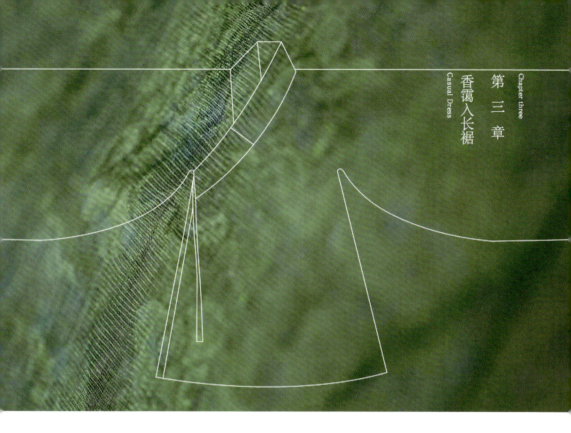

图2-37　展览图录　"香霭入长裙"

四、香霭入长裙

　　展览的第三单元是"香霭入长裙"（图2-37），主要介绍了日常生活中的明代服饰。

　　明代服饰有明显的穿用场合和时间的区分，庄重大方的朝服、公服和常服出现在朝堂和盛大场合，华美艳丽的吉服适用于出席寿诞、筵宴和婚礼等欢庆场合，而潇洒舒适的便服则是闲居和郊游时所穿。明代文震亨《长物志》言："居城市有儒者之风、入山林有隐逸之象。若徒染五采，饰文缋，与铜山金穴之子侈靡斗丽，亦岂诗人粲粲衣服之旨乎？"服饰要合乎时宜，要使住在城市里的人有儒者之风，进入山林者有避世隐居之相。明代诗人陈宪章在《南归途中先寄诸乡友》中就描写了这种场景："不分宾主共林塘，脱下朝衫作道装。"士大夫不能与富豪之子侈靡斗丽，应保持清雅脱俗的着装风格。便服，即日常生活中所着服装，不彰显身份等第的差别。既不同于朝服、常服、公服等的威仪赫赫，也迥异于吉服的繁缛华丽，它更强调服饰的实用、舒适，更注重色彩的搭配和协调。从服饰发展的趋势来看，明代前期便服整体较为简约，明代中后期商品经济的发展与繁荣促使人们的审美价值观念趋向多元化发展，便服的发展呈现出式样繁多、衣料色彩斑斓、裁制精巧、装饰图案更富有时代风格等特点。

　　鞍马喧嚣之外，舟车劳顿之余，人们日常的便装，淡化了人的身份等差（图2-38）。明代男子便服的款式种类繁多，有道袍、直身、贴里、曳撒、褡护、襕衫等。其中道袍最为流行，是明代男子生活着装的主打款式。道袍，意为道家释道之服，因其衣身宽松、衣袖宽大、衣袂飘飘，非常适于表现文人儒雅之风或士大夫的闲居野趣。元代以后道袍被广泛用于士庶男子闲居之服，明朝中后期更发展成为最常见的男子便服款式之一。明代范濂《云间据目抄》载："十八学士衣……隆万以来皆用道袍……儒童年少者，必穿浅红道袍。上海生员，冬必服绒道袍。"明末清初叶梦珠《阅世编》载："其便服，自职官大僚而下，至于生员，俱戴四角方巾，服各色花素绸纱绫缎道袍。"不仅官员，皇帝亦常着道袍，如定陵万历朱翊钧墓出土交领绫面绢里大袖道袍八件。然而，道袍虽没有明确的服用限制，但由于此类袍服衣式宽大，并不适应平民的劳作以及庶民的需要，因此一般为士大夫以及有一定身份、地位或经济能力的人所穿。

　　展览中的蓝色暗花纱袍（图2-39），即为备受关注的道袍样式：直领，加白纱护领，大襟右衽，宽袖，腰间钉一对白纱系带，衣身左右开衩。内摆的作用主要是遮蔽开裾的部位，避免内穿的衣或裤在行动时外露，保持着装的严肃、端正。道袍既可用作外衣，也可作为衬衣，与氅衣、披风等搭配使用。同时展出的直身和贴里也是明代男式便服中常见的款式。孔府旧藏明代男道袍两袖的通

图2-38　明　姜隐高士图轴（局部）（山东博物馆藏）

长多在 240 厘米至 258 厘米、身长 121 厘米至 142 厘米。袍服的裁制方法一般是：
将布料按纬线折叠为双层；将腋下多余的布料剪去，并利用这些布料裁前身大襟、
小襟、袖子和领子等部位；缝合前身和后身的裁片，贴补上大襟和小襟，并缝上领
袖。在通常情况下，裁缝在制作前要对穿衣者进行测量，但因为明代服饰较为宽大，
所以裁量时不必特别精确。更有甚者，只要了解穿衣者的性情、年纪、状貌及科举
等基本信息就可裁制，如《履园丛话》中所记："昔有人持匹帛命成衣者裁剪，遂

图2-39　明　蓝色暗花纱袍（孔子博物馆藏）

询主人之性情、年纪、状貌，并何年得科第，而独不言尺寸。其人怪之，成衣者曰："少年科第者，其性傲，胸必挺，需前长而后短。老年科第者，其心慵，背必伛，需前短而后长。肥者其腰宽，瘦者其身仄，性之急者宜衣短，性之缓者宜衣长。至于尺寸，成法也，何必问耶？"在这位裁缝看来，衣服的尺寸是有成规可循的，每个人又会因性情、年纪、状貌、学业和仕途的不同，在形体和姿态上呈现出有规可循的差异。

这种宽衣博袖的设计充分展现出中华文化的含蓄之美、中和之美。宽衣，对人的体形较好地进行掩饰，通体只露出头、颈和手部，穿起来也很舒适。《白虎通义》言："衣者，隐也；裳者，障也。"服饰的主要作用是"遮阑"和"隐障"身体，它不求与人身形相似，但求内敛含蓄、端庄斯文，这也是中国身体美学的传统观念。若衣袖合体，捉襟则见肘，穷气必现；若人形体毕露，"形尽而思穷"，则意趣索然。道袍没有肩缝，腰部亦不收紧，通体以直线为主，摆的褶子从腰部逐渐向下变窄，致使衣服下摆处宽于腰部，平摊后呈稳定的三角形。明代人以体态丰满为美，这种宽大的服装版型更能衬托出穿衣者的雍容华贵之气。宽而肥的衣身、阔而长的袖子，不仅让人行动自如，而且行礼时更加便利、得体，也凸显出穿衣者的庄重、大气。

《毕自严课子图》直观展示不同年龄段的男子所穿的道袍颜色不同以及鞋帽搭配的差异（图2-40）。毕自严，山东淄川人，万历二十年（1592）进士，历任户部侍郎、户部尚书等职。在此图中，时毕自严年五十六，端坐椅上，手执扇，头戴方巾，身穿蓝色道袍，足蹬蓝色云履，表现了文人雅士休闲燕居的真实状态。毕自严身旁所立二子，长子毕际壮年已十九，头上束网巾，戴巾帽，着蓝色道袍，亦着蓝色云履，和成年男子无异，与晚明天启年间男子十五六便戴网"不使有总角之仪矣"记载相符。另一童子为次子毕际有，着粉色袍、青色云履，头发梳成总角，尚未到弱冠之龄。园中有怪石、松竹、仙鹤，盆内有灵芝、文竹、兰草等。亭子竹帘卷起，可见亭内为书斋，地铺方砖，后有屏风，上绘山水。案几上置瓶，瓶内插有卷轴、毛笔，又有香炉、珊瑚瓶和古籍。有意思的是，毕际有中年回归乡里后，于清康熙十八年

图2-40　明　毕自严课子图（山东博物馆藏）

图2-41　明　本色葛袍（局部）（孔子博物馆藏）

（1679）聘请四十岁的蒲松龄到家担任私塾先生，蒲氏在毕府坐馆30年，毕家广泛的交游、丰富的藏书以及坚实的经济基础，为《聊斋志异》的创作提供了良好的条件，《聊斋志异》中的大部分内容是在毕府完成的。

　　讲究生活品质的明代人会随着时令的变化，换穿不同质料的服装，明代文震亨在《长物志》卷八中尝言："衣冠制度必与时宜。吾侪既不能披鹑带索，又不当缀玉垂珠，要须夏葛冬裘，被服娴雅。"夏天适合穿凉爽的葛衣，冬天宜着裘皮。明代男式本色葛袍（图2-41），身长121厘米，通袖长261厘米，袖宽47厘米，腰宽56厘米，为贴里式袍服，交领、领部加白纱护领，大襟右衽、窄袖，衣身前后襟上下分裁，腰部以下做褶呈裙状，身左后侧开衩，腰间系两对白绢系带。葛袍为夏季着装，凉爽透气，本色未染，一派天然。与此展品相对应的是冬季着装蓝色织金麒麟方补棉袍（图2-42），身长134厘米，袖通长158厘米，袖宽40厘米，腰

图2-42　明　蓝色织金麒麟方补棉袍（山东博物馆藏）

宽77厘米。对襟，短袖，胸前两对纽襻扣（一侧的扣子已经不存），左右开裾。蓝色暗花缎衬里，内絮薄棉。衣身前胸后背处各有一织金麒麟方补。这两件衣服，一件是葛，一件是棉，这也是对其他丝质展品的补充，共同构成明代织物的多种材质。

　　明代女子便服也非常丰富，主要有衫、袄、裙、比甲等。较之吉服，便服给人的第一印象并不华美，但细品则韵味十足。女子便服有个特别受明代女子喜爱的样式——比甲，其实就是无袖无领的长马甲。孔府旧藏月白色"卍"字如意云纹纱比甲（图2-43），暗花纹为方胜、如意云纹。圆领、对襟，左右开裾。对襟下摆、裾边均镶红色直径纱滚白绢边，袖口镶白绢缘。"月白色"，一个富有朦胧诗意的字眼，让人脑海中浮现出很美的意境。比甲名为"月白色比甲"，这个名字是孔府老账上所记。衣服的颜色，以现代人的眼光来看是蓝色，并不是白色。之所以称之为"月白色"，可能是因为古人认为月亮的白光中带有淡淡的蓝色，这种接近淡蓝色的、微微泛着蓝光的白色在明代被称作"月白色"。明代女子常穿月白色裙衫，《三刻拍案惊奇》和《金瓶梅》中都有女子穿月白色服装的相关记载。

　　比甲对襟处出现两条竖的红条，叫作妆花眉子，是为了给面料加厚以钉缝纽扣而出现的装饰。这种装饰方式，直接影响并促进了清代女装镶边装饰方式的形成。

图2-43　明　月白色
"卍"字如意云纹纱比甲
（孔子博物馆藏）

图2-44　明　金纽扣（济宁市兖州区博物馆藏）

虽然这件比甲现在已没有纽扣，但它证明了纽扣在明代已经使用在衣服上了，因为在比甲前对襟处有钉过纽扣的痕迹，可能当时的纽扣是比较珍贵的金属，所以衣服不穿后被拆下挪作他用。纽和扣，天生就是一对，明代冯梦龙评《挂枝儿》曾拿纽扣来打比方："纽扣儿，凑就的姻缘好。你搭上我，我搭上你，两下搂得坚牢，生成一对相依靠。系定同心结，绾下刎颈交。一会儿分开也，一会儿又拢了。"明代纽扣常见有梅花、菊花、牡丹、莲花等形状（图2-44）；两侧的系片为蝴蝶、蜜蜂、鸳鸯、童子等形象。这样一副纽扣的寓意，或为蝶恋菊，或为蜂赶花，或为鸳鸯对莲，或为莲生童子，充满了生活情趣和吉祥的祝福。

那么，明代人是怎么看待白色的呢？白色，在古代一般被认为是不吉利的颜色，但在明代中后期这种禁忌已经没有那么明显。刘熙在《释名》中写道："白，启也；如冰启时色也。"如冰启之色的白色受到晚明人的喜爱，就连当时的翩翩少年也经常选择穿戴白色的服饰。明代文学家冯梦龙在《醒世恒言》第十六卷中描写了张荩这样一位少年子弟外出游玩时的穿着："头戴一顶时样绉纱巾，身穿着银红吴绫道袍，里边绣花白绫袄儿，脚下白绫袜，大红鞋。"白色与其他各种颜色进行搭配都是非常适宜的。例如，《金瓶梅》第四十五图中描写了一段吴银儿向李瓶儿讨要白色衣服的情节——吴银儿笑嘻嘻道："实和娘说，我没个白袄儿穿，娘收了这缎子衣服，不拘娘的甚么旧白绫袄儿与我一件儿穿罢。"

    展品白色暗花纱绣花鸟纹裙就是这种备受明代女子偏爱的裙子，时至今日亦然。花鸟裙的裙长 88 厘米，腰宽 60 厘米。以六幅料制成褶式长裙，四组褶，每组五个裥褶。腰镶白色暗菱纹绢，两头缀一对穿鼻。裙的质地为暗花纱，暗花为折枝梅花纹。裙摆用红、绿、蓝、黄、黑等色丝线绣花鸟和风景，纹饰留白空间比较大，用色素雅而宁静，洋溢着一派春日的气息。明代人有在一定的节气穿戴应景纹样的习俗，如元宵节内臣宫眷穿灯景补子蟒衣，端午节人们穿蝎子、蜈蚣、蛇、壁虎和蟾蜍等图案的衣服。这件白纱裙，据推测与明代盛行"走百病"的风俗有关，元宵或正月十六夜，妇女着白衣，走百索，求福避灾。不过，大多日常便服没有这么复杂的绣花，墨绿色暗花纱单裙（图 2-45）就是一款简简单单的马面式裙，由六幅料子拼缝而成，遍布折枝莲花纹，间饰古钱、银锭、如意、火珠等图案，中间膝部横向饰云凤纹，上下以"卍"字纹为边，裙边织海马等纹饰，裙摆底滚红色暗花纱边。

    仅有衣美是不够的，还要搭配饰品才能美出新境界，同时也满足实用和礼仪的需要。男子搭配服装的重点是头上的巾帽，其风采从所佩青玉冠、蘑菇形首玉簪（图 2-46）等展品可见一斑。腰间的带和钩是男子装束点睛之笔。带、钩的纹样有龙首、蟠螭纹等（图 2-47）。女子的饰品就相对丰富了。明代女子时兴三绺梳头，鬏髻是明代已婚女性最主要的首服，以金银丝、马鬃、头发或篾丝等材料编成，通常罩于头顶发髻之上。鬏髻上时常插戴着被称为"头面"的各式首饰。女子非常喜欢簪子（图 2-48）和耳饰，耳环以葫芦形最为时尚，其形为在曲钩金丝上穿挂两颗玉珠，小玉珠在上、大玉珠在下，形似葫芦，再在玉珠之上盖以金圆片，其下挂一金属饰珠（图 2-49）。

图2-45　明　墨绿色暗花纱单裙（孔子博物馆藏）（上）
图2-46　明　青玉冠、蘑菇形首玉簪（山东博物馆藏）（左下）
图2-47　明　白玉蟠螭纹带扣（山东博物馆藏）（右下）

图2-48　明　金发簪（济宁市兖州区博物馆藏）（上）
图2-49　明　金钩玉葫芦耳环（济宁市兖州区博物馆藏）（下）

　　搭配服装，多少饰品适宜呢？"饰不可过，亦不可缺，淡妆与浓抹，唯取相宜耳。首饰不过一珠一翠一金一玉，疏疏散散，便有画意。……服饰亦有时宜，春服宜倩，夏服宜爽，秋服宜雅，冬服宜艳。见客宜庄服，远行宜淡服。花下宜素服，对雪宜丽服。吴绫蜀锦，生绢白苎，皆须褒衣阔带，大袖广襟，使有儒者气象，然此谓词人韵士妇式耳。若贫家女，典尽嫁时衣，岂堪求备哉？钗荆裙布，自须雅致。"卫泳《悦容编·缘饰》中的这段话清晰地道出了明代人对服饰穿搭艺术的认识，也就是既要与人的面部妆容相适应，顺应时节、时令，又要合乎自己的身份地位，依据自身的经济条件量力而行。如果在穿搭上做到了"相宜"二字，即便钗荆裙布亦可雅致。

如同现代人注重服装的整理和收纳，在明代，人们也有熨烫和熏蒸衣服的习惯。这些可从展示的铜熨斗来发挥想象，亦可从《喻世明言》的《陈御史巧勘金钗钿》一文了解当时的情形：鲁公子"只有头巾分寸不对，不曾借得。把旧的脱将下来，用清水摆净，教婆子在邻舍家借个熨斗，吹些火来熨得直直的，有些磨坏的去处，再把些饭儿粘得硬硬的，墨儿涂得黑黑的。只是这顶巾，也弄了一个多时辰，左带右带，只怕不正"。除了熨烫整理衣物，为衣服、被褥熏香也是明代人注重品质的一种生活方式。明代陈洪绶《斜倚熏笼图轴》（图2-50）绘有竹编的特制穹形熏笼，口朝下扣在熏炉上，炉火中放入香料，美人将衣服摊开罩在竹笼上以受香，"绣衾香冷懒重熏"，这种娇慵的香熏画面配以丽服，美不胜收，而衣物亦平复且含淡淡香味。

图2-50　明　斜倚熏笼图轴（上海博物馆藏）

五、明去处

　　尾厅"明去处"展示了明代服饰在新时代的表现，链接传统与未来。明代服饰呈现的符号性、象征性、寓意性，将中国人的礼制观念、伦理习俗、审美情趣、色彩爱好等沉淀其中，它承载了传统伦理，蕴藏着先哲的思想，从而构筑了独特的中国服饰文化内涵。文以载道，衣亦载道，明代服饰所承载的，是几千年延绵不断的中华文明，是中华民族深厚的文化底蕴。

　　明代服饰在当今社会，其传统元素，包括面料、款式和纹饰，都有新的表达。融合、发展，是中华文明形成的一个主要途径，也是中华文明之所以深厚的一个重要原因。展望未来，明代服饰文化作为中国古代服饰文化的典范，作为优秀传统文化的典型代表，必将有更宽广的未来。

衣冠大成

An Agglomeration of
Hats and Clothes

　　展览是博物馆服务社会最主要的文化产品，是获得社会认可、增加博物馆美誉度的重要方式。展览策划水平的高低不仅直接关系到展览的成败，而且直接影响到博物馆的声誉。明代服饰文化展的策划是不断头脑风暴和激发灵感的过程，展览的实施是不断地产生问题和解决问题的过程，是不断地萌生创意和落地实现的过程；整个过程是忙碌的、快乐的，众人拾柴火焰高，它寄托了博物馆人的热情和希望，凝聚了博物馆人的智慧和力量。

一、莫道君行早

（一）众智无不任

　　一个重量级的展览，要有一个超强的团队。策展团队的组成，在各个博物馆有不同的方式。山东博物馆在 20 世纪 50 年代成立之初，部室的设置参考了苏联的体制，即以"保管部""陈列部""群工部"和"保卫部"为基本框架。

陈列部专门负责博物馆的展陈设计和展览方案的撰写，保管部则以文物保管和研究为主，群工部侧重于展览的讲解和观众服务，保卫部负责展厅和库房全面的安全保卫。改革开放以来，有些博物馆对展览的策划以及大纲内容撰写的任务做了调整，组成新的文物展览与研究部来负责文物科研和展览策划，原有陈列部只保留陈列设计和实施的任务，山东博物馆于 2009 年开始，由文物保管部和考古部等业务部门来负责展览内容的策划。近年来，也尝试实行"策展人"制度，即不管是哪个部门的工作人员，都可以提出展览的计划，撰写展览大纲。展览方案经馆里通过后，即以撰写人为中心组织相关部门的人员组成临时展览团队来实施展览。这种方式有利于年轻人或有创意的人员实现他们的想法，容易创新，有新的展览角度和展示方式呈现给观众。

"衣冠大成"由当时分管陈列的杨波副馆长总体负责，策划团队基于博物馆原有部门的设置而组成，因为各部门在各自相关的专业领域已积累了相当丰富的工作经验，这样既有利于提高工作效率，也使展览更加专业化。团队分为内容设计、形式设计、文物保护、文创产品开发、宣传推广、信息采集、活动策划等策展小组。书画部作为服饰文物藏品保管与研究部门负责展览内容的策划和展览大纲的撰写，以及展品的遴选、借用和布展，典藏部予以协助；陈列部负责展览的陈列设计和组织实施；文物保护部负责展出环境的预防性保护；宣教部负责开幕式等活动、展览讲解、平面媒体的宣传和社教活动；信息部负责展品的拍摄、扫描以及网上展馆和网上宣传；文化产业部负责展品的文创开发。每个部门根据各部门专业优势在各自熟悉的领域里各司其职，团结一致，无缝衔接。杨波副馆长负责展览项目的策划与统筹，确定展览主题及展示原则，制订展览工作计划，有效组织相关职能部门，积极推进落实展览各项工作。她具有相当丰富的展览策划经验，2012 年曾主持策划"斯文在兹——孔府旧藏服饰特展"。参加"衣冠大成"的各部门人员在她的领导下，充分发挥能动性，积极工作。文物保护部门与文物保管部门团结合作，始终关注展品的状况；展览内容组与陈列设计组一直并肩战斗，设计施工单位杭州黑曜石展示设计有限公司总设计师韩萌有古代服饰专业背景，因此在沟通时很顺畅；以上各组与文创产品开发组、宣传组、信息采集组以及活动策划组始终围绕服饰文物和文化进行头脑风暴，经常讨论至深夜，很多细节是半夜大家在群里敲定的。

　　除了展览策划团队，我们还有一个无比强大的志愿者团队。在展览策划过程中，社会各方人士提供了极大的、无私的帮助：微博上知名的明代服饰研究大V"撷芳主人"参与展览大纲的讨论，服装专业人士和热心的服饰爱好者为服饰文物绘制图表，服装学院的老师主动免费提供正宗的真丝纱和缂丝样本用于服装面料触摸体验，华服企业为我们免费提供蜡像的服装用于场景复原……

（二）研究是基础

　　藏品是整个博物馆的基础，展品是一个展览的基础。博物馆的藏品要成功转化为展品、展览能够形成，则要植根于扎实的学术研究。一个有内涵的展览必须基于深入的学术研究，体现研究的成果，并对研究成果进行合理转化，展览才立得住，只有根深、叶才茂，展览才具有旺盛的生命力。山东博物馆注重研究，加强学术积累，关注前沿热点问题，多年来潜心对服饰文化尤其是明代服饰进行深入研究。服饰展的成功策划得益于近年来在以下几个方面的研究。

　　一是对服饰本体的研究，包括对服饰的色彩、纹样、面料、款式等方面的研究。这些年，对明代服饰有一个研究和逐步认识的过程。比如，大红色绸绣过肩麒麟鸾凤纹女袍，原名为明代红色湖绸斗牛袍，袍上所绣蟒状的动物其角略直，不作弯曲状，因其为牛蹄，以前认为它是斗牛服，后经过仔细研究，发现它与斗牛的弯角不同，其形态更符合麒麟，只是蟒化了，而且麒麟和鸾凤结合的构

图3-1　明　大红色绸绣过肩麒麟鸾凤纹女袍上蟒化的麒麟纹样（山东博物馆藏）

图方式，才更符合女装的气质，因此，这件红绸袍被重新定名，并被认定为女装
（图3-1）。这是对纹饰认识的变化。再比如，香色芝麻纱绣过肩蟒女长衫，在
2013年时我们认为它是香色罗蟒袍，近年来对它在质地以及款式上都做了重新的

认定。因为古代罗纱不分家，它们的组织结构都是经丝互相缠绕交织，表面有透明的纱眼，一般把纱眼布满织物表面的叫作纱，纱眼每隔一段距离成行分布的叫作罗，现在将其质地确定为芝麻纱。另，由于这件衣服身长126.5厘米，以前认为是袍。随着研究的深入，发现虽然它身长很长，但已经采用了立领，属于明代晚期的样式，而且下部没有环绕膝盖的纹饰即膝襴，因此断定这件衣服为上衣。由于明代晚期社会经济发展了，丝织业也相对发达，可以比较奢侈地用料子，所以才会出现这么长的上衣。我们还对明代服装官服、吉服和便服分类进行研究，官服的肃穆、端庄，吉服的喜庆、艳丽以及便服的淡雅、素洁，不同的色彩，也为展览的分区提供了色调依据。

二是对服饰文化的研究。参考《大明会典》《大明集礼》《明史·舆服志》等文献资料，对服饰的穿用人、穿用场合、穿着季节、穿着方式以及搭配方式等进行研究，准确把握明代加强皇权并以儒家思想为基准的特点，挖掘《喻世明言》《警世通言》《醒世恒言》《金瓶梅词话》等明代通俗小说中的描写，对服饰文化进行全面的解读。

三是对史实和人物的研究。挖掘馆藏明代画像资源，勾连蓝章、蓝章的夫人和母亲、边贡、毕自严、邢玠、孔尚贤夫妇、黄培等历史人物与服饰的关系。对山东博物馆旧藏原定为元伯颜察尔驸马的画像进行重新审定，画中人物所佩戴梁冠为二梁，级别为六、七品，低于伯颜察尔驸马的品级，而且朝服的细节更符合明初的风格，所以，将画像认定为明代画像，作为"衣冠大成"展朝服部分的辅助展板部分。

四是对陈列设计的研究。陈列设计是一个综合性的文化艺术创造过程，多年来，我们在鲁王展、通史展、瓷器展、动物标本展等多种类型的展览中积累了丰富的经验，具备了设计大型重量级展览的实力。

五是对文物保护的研究。由于丝、棉、麻等织物的有机质特性，古代服饰在博物馆中属于限制展览的文物，这也是"衣冠大成"遇到的挑战。近年来学界特别是本馆业务人员对文物保护的研究和实践经验，为展览提供了安全保障。

　　最终呈现出来的"衣冠大成"，基于翔实的文献研究，关注古代服饰研究的前沿热点问题，吸收了学术界最新研究成果，并由文物提升到文化高度，见物见人更见史，以传统陈列与现代科技展示手段，为观众奉上一场集文史知识与美学体验于一体的"文化大餐"。

（三）观众为导向

　　以人为本、以观众为中心，展览才能更贴近现实生活，文物才能真正活起来，这是我们策划的出发点和最终目的。这一宗旨贯穿我们展览策划的始终。

　　展览的观众，顾名思义，是参观展览的群众，通常是在展览开幕后才出现。那么，展览的选题是否符合观众的口味？展览的内容是否符合观众的需求？博物馆工作人员依据自身的专业知识和对潜在观众群体的预估而筹备设计的展览，能否受到观众的喜欢和欢迎？展览的形式是否符合观众的参观习惯？这些在展览开展前都是未知的，展览开幕后，木已成舟，许多未尽事宜很难修正，一些展览因此空余遗憾。如何尽早地让观众介入展览？如何发挥观众在展览策划前、策划中乃至在整个展览过程中的作用，让观众在展览中起主导作用，甚至让观众定制展览？以上都是值得我们思考的问题。

　　一个有生命力的展览，要有充分的展前准备。2019 年初，山东博物馆的明代服饰朝服在《国家宝藏》等节目中一亮相，即收获了无数粉丝。然后我们又选择明代服饰飞鱼贴里参加"云讲国宝"等活动（图3-2），这是展前试探，也是预热。

　　展前调查是很多展览容易忽略的环节。我们在展览策划阶段即采用线上、线下相结合的形式，有针对性地对不同年龄、不同职业身份的人群做观众调查，尝试了

图3-2 "云讲国宝"活动

解当下的观众希望通过展览看到什么、存在何种疑惑，并从中提炼了一些有趣的问题，以了解观众在展览内容方面的喜好，掌握观众倾向的展览互动方式，分析观众需求，从而有的放矢地撰写展览大纲、设计展出形式，并为后续的展览宣传、社教服务、文创开发等提供借鉴和参照。如图3-3，调查显示：在展览的内容方面，观众对服饰色彩、纹饰和寓意、男女服饰形制的区分、服装的搭配、服装织造工艺以及服饰的文化内涵比较感兴趣，在展览中要着重介绍。有的观众具有国际视野，比较关注明代服饰对周边国家的影响，尤其是明代服饰与韩国和日本传统服饰的关系问题，要求将相关内容纳入展览大纲。在互动方式方面，观众希望展览提供面料触摸体验以及鲁绣体验，对文物的三维立体展示也有很多期待，对古装换装电子游戏热度不是很高，对高仿明代服饰走秀

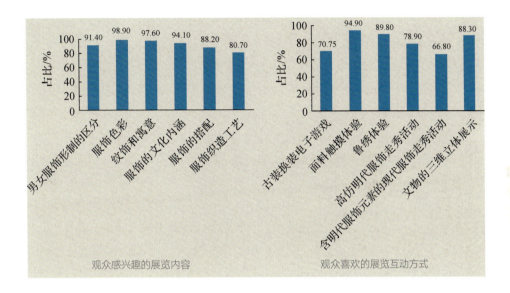

图3-3　展前调查

活动比较喜欢，而对于含明代服饰元素的现代服饰走秀活动兴趣则相对较弱。在文创产品方面，由于山东博物馆中的几件藏品的知名度很高，属于明星藏品，观众希望博物馆官方推出这些文物的复刻版。

　　观众的建言献策，为我们的展览策划指明了方向。详细解读观众需求，增加观众喜欢的内容，强化观众热衷的方式，减少和弱化观众不感兴趣的地方，争取让观众满意，为展览的成功举办奠定良好的基础。

二、华夏主旋律

（一）展名妙点睛

一个叫得响的展览，要有切题的名字。这个名字，要好认，尽量避免生僻字和多音字；要好记，以利于观众口口相传、便于宣传；要切题，能够符合展览的内容；更要点睛，以能点出展览的主旨为最佳。这次展览的主题是，以明代服饰为展品，弘扬中华优秀传统文化，展现中国风度，塑造中国气派，从而激励全社会共同认识美、欣赏美和创造美。

从展览筹备到开展前，展览的取名问题一直挂在展览团队的心头，我们绞尽脑汁地思考和讨论。最初展览拟名为"风华"和"大明华裳"并制作了海报，但当时有热播的电视剧《大明风华》，"大明华裳"和"风华"有点蹭热度的感觉，而且"裳"是多音字，与"华"组合时"裳"的正确读音为"chang"，可能很多观众不了解，容易引起误读。后来，我们又考虑过"大明风度"，还曾想过把"明"字拆为"日月"，取名"日月重光"。那段时间，团队共取了30多个名字，可以说，大家做梦都在起名字但没有令人满意的。有一次召开专家咨询会，有位专家建议展览名字为"国服潮天下"，大家觉得这个名字表达了我们想通过展览推出新国潮服装的用意，但因与明代服饰的主题相去甚远而不被认可。最后，在一次讨论会上，大家灵光突现，一致认为"衣冠大成"四个字是最合适的题目，真的是踏破铁鞋无觅处，得来全在一瞬间（图3-4）。

"衣冠大成"这个名字突出了明代服饰展的中心思想，采用了明喻和暗喻两种方式，包含了以下五方面的含义。

第一，从主题上讲，"衣冠"，不仅指衣服和帽子，亦为缙绅、士大夫等

图3-4　展览名称的变化

绅士的代称，更是用来借指文明和礼教。"孔子之谓集大成"，儒家思想是中华文明的精粹，大明衣冠保存传统而又兼收并蓄的风貌，充分表现了中华民族悠久坚实的礼乐传统和以儒家思想为主干的华夏美学。

第二，从展品上讲，展览的服饰文物大多为孔府旧藏，大成殿为孔庙中的建筑，"大成"之名暗示了文物来源于孔府。

第三，从历史的长河来比较，中国服饰发展到明代，从丝织品的种类到服饰工艺和体系的完善再到服饰文化的积累，明代服饰集前代衣冠之大成，无疑已成为华夏衣冠的典范。

第四，放在明代来看，展览所用的服装为上层贵族所穿用，在明代即为精品，能够反映出明代服装真实的色彩斑斓的面貌，更能够反映出明代纺织和服装发展的水平，是集明代之大成的服饰。

第五，从现存文物品相来分析，展品集现存明代服饰文物之大成。明代出土服饰基本上是残缺且色彩失真的，传世服饰文物的存量极少，而展品恰是传世服饰，品相均为现存明代服饰中的精品，且多为孤品。

展览名称采用两段式名称，主标题为"衣冠大成"，副标题"明代服饰文化展"是对展示内容进行概括。我们也曾考虑是否降低对自己的要求，做更为简单的"明代服饰文物展"。但是，如果只是单纯地展示服饰文物，那展柜不过是个美丽的衣橱而已，因此还是要知难而进，定位于策划文化展。如何提炼展览主题并围绕和紧扣主题，将服饰"文物展"提升为服饰"文化展"呢？这是我们在展览策划时一直思考和着力解决的问题。

（二）主题颂华夏

服装在中国社会历来具有特别重要的意义。"中国有礼仪之大，故称夏；有服章之美，谓之华。"中国人有华美的衣服，这是社会发展和进步的表现，懂礼仪，人类社会才会更加文明。美服和礼仪，是文明的具体表现，而馆藏的明代服饰，兼具华美之表和礼仪之实，成为颂扬华夏的绝佳展品。所以，展览的主题确定为：服章之美谓之华，礼仪之大故称夏，以明代服饰颂扬华夏文明。

从这个主题出发，展览即要表现两个层面：一是服章的外在之美，二是服章所蕴含的内在的礼仪。第一个层面是明代服饰"文物展"比较容易达到的，第二个层面则是明代服饰"文化展"所要表现的。我们策展人努力的方向，即争取把展览从第一个层面提升到第二个层面。比如，冠，对于古人来说，不仅是一种装饰、一种身份地位的象征，更是一种礼节、气节和尊严。孔子在《论语·尧曰》中言："正其衣冠，尊其瞻视，俨然，人望而畏之。"相传卫国大夫孔悝参与推翻卫国国君的政变，孔子的弟子子路力阻这场政变的发生，在战斗中，子路冠下的丝缨被击断，子路即停下来结缨正冠而被敌人趁机杀死，君子宁死而正衣冠，是儒家的信仰。

　　再如，古人非常珍视玉。《礼记·玉藻》说"古之君子必佩玉"，又说"君子无故，玉不去身"。玉佩是贵族极为看重的衣饰。展品衍圣公雕龙纹玉佩（图3-5），为两组相同的玉佩。玉佩由多枚玉件组成：玉珩一，玉瑀一、玉琚二，下垂玉花一、下冲牙一、玉璜二、玉滴二。自珩而下，系五列，贯以玉珠。衍圣公雕龙纹玉佩可搭配朝服，在腰的左右各佩一组。佩戴玉佩，不只是为了美观，它是用来约束步伐，提醒佩戴者维护礼节的。矜持有序知礼节之人步伐均匀迟缓有度，一旦飞步疾驰陡停陡行，玉佩之间就会碰撞发出叮咚声。《诗经·郑风·有女同车》和《诗经·秦

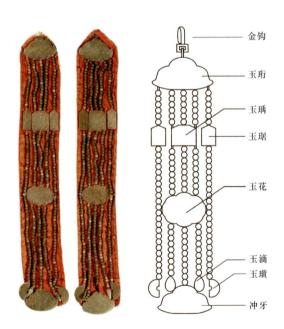

图3-5　明　衍圣公雕龙纹玉佩及其结构（孔子博物馆藏）

风·终南》讽刺说在礼崩乐坏的时代里，不守礼节的人们滥用美玉，毫不珍惜，走起路来冲牙和两璜相触，发出铿锵的声音。所以，玉佩不只是装饰，而且体现了礼仪。这样对明代服饰进行解读，将文物背后的文化讲出来，紧扣和突出展览的主题，是展览策划中一直秉持的原则。

（三）断代史+通史

　　一个展览，内容是基础，各个单元的组合，由其内在的逻辑关系来维系。"衣冠大成"的主要展品是明代服饰，时间聚焦在明代，展览无疑是个断代史。但是如果只讲明代，就无法让观众知道明代服饰在整个古代服装史上的地位，尤其是无法理解为什么明代服饰是古代服饰的集大成者，是华夏衣冠的典范。只有梳理中国古代服饰史，让观众清晰地看到，在宋之前尤其是唐之前，华夏民族一直承袭着宽袍大袖的服饰风格，到了元代以及明代以后的清代，服装风格突变。这个发展脉络，只有通过服装通史，才可交代清楚。所以，展览采用的是断代史加通史的结构。

　　序厅"知来处"简单回顾古代服装史，尾厅"明去处"展示古代服装在现代的创新发展。序厅和尾厅，一个古代、一个未来，一个来处、一个去处，传统与未来，相互呼应，相得益彰。这是通史的叙事方式。霓裳启大展，开幕式采取盛大的古代服装秀，也是出于这个考虑，由古代服装通史切换至明代一朝服饰，服装模特将明代服饰在中国古代传统服饰史上的地位向观众予以直观展示，再延展至服装未来的发展趋势。

　　中间部分即断代史，展现明代服饰文化，这一部分是展览的主体，是要重点诠释的。朱元璋取得政权以后，认为宋代以后中国的服饰深受胡俗的影响，

图3-6 明代丝绸织金和刺绣工艺

应当拨乱反正，即开始制定明代服饰制度。从整个中国服装发展史来看，明代服饰最为突出的特色为排斥胡服，恢复传统，并以儒家思想为基准来确立服饰制度。明代社会经济发达，丝织业繁荣发展。明朝政府在南京、苏州、杭州设立织染局，聚集能工巧匠，从事高级衣料生产；一批丝绸重镇随之涌现。丝绸织绣技艺空前提高，丝织品种类齐全，纱、绢、绫、罗、绸、缎、锦、绮、绒等应有尽有，织金、妆花、缂丝、刺绣等精细加工技艺均达到超高水平，这些都为明代服饰的华丽精美奠定了技术与艺术基础（图3-6）。所以服饰在明代呈现出前所未有的华丽大气，明代服饰集前代之大成；在明代以后，服饰又走向了窄小收身的样式，失去了飘逸洒脱的风姿，明代服饰亦成为后世美学之表率。

（四）主线厘清晰

在明代服饰主体部分，原设想选择一个人物贯穿展览，因为服饰多来自孔府，所以希望能从衍圣公中找到一位合适的人物。但是，因为服饰文物并不能明确是哪位衍圣公的，也没有衍圣公穿着各类服饰形象的画像，而且，我们也希望和前几年所办的"斯文在兹——孔府旧藏服饰特展"有所区别，所以这个设想没有实现。后来，我们考虑过以同时代的历史人物来串联，以绘画类文物来再现。比如以明代于慎行《东阁衣冠年谱画像》为蓝本，将其各种着装场景编成故事，采用多媒体，贯穿整个展厅，形成一种连环画甚至连续剧的效果。于慎行的经历可谓是三起三落沉沉浮浮。他23岁中进士，曾为神宗皇帝讲经史14年，后因得罪了张居正而无奈称病返乡。张居正去世后，于慎行被重新启用并升任吏部左侍郎，成为明代内阁重臣。但神宗宠爱郑贵妃想立她的儿子为太子，于慎行反对，同时又因山东乡试泄密事件而再次辞职。万历三十五年（1607），朝廷重新启用于慎行担任原官职加太子少保兼东阁大学士，但于慎行已年老体衰，当年就去世了。《东阁衣冠年谱画像》中可看到他正襟危坐，锦衣华裳，亦可见他闲云野鹤，这是一个人多元化的表现，也是不同的服装所赋予人的一种精神面貌的变化（图3-7）。但是，因为所选明代官员的典型性问题以及图片的版权等问题，这一设想没有实施。

后来，大家统一意见，认为我们的展品服饰反映和代表了明代服饰文化的精髓，不必将其虚化为一个具象的人，可将其看作整个大明王朝服饰文化的代表，这样展览即具有更广阔的视野和更高远的立意。我们将明代服饰分为三个单元（图3-8）：第一单元是"垂衣天下治"，主要展现官员制度明确规定的服装类型。第二单元是"华锦庆嘉时"，主要表现吉服。吉服在明代尚未被纳入冠服制度，但是在现实中已存在。第三单元是"香霭入长裾"，介绍日常生活中的便装，这是制度规定以外的相对自由的空间里的着装。各单元内容的划分依据是明代

图3-7　明　东阁衣冠年谱画像（平阴县博物馆藏）

服饰文物的分类，各个类别的区分标准是与明朝制度联系的紧密程度。这种从官场到集会再到私下场合服饰的过渡，也符合人们从遵循外在的、规矩的法则到追求内心自由平和的过程。

图3-8　展览主体的三个单元

三、文物到文化

（一）展品皆精选

在研究的基础上判断和选择展品，除了文保方面的要求，展品要符合展览的主题、适合展览各章节叙事的需求，这是展览策划的初期工作。因明代服饰文物藏量相对来说也不是特别多，品相较好的明代服装不过 32 件衣服而已。山东博物馆展厅的面积都比较大，一般为 900 平方米，好在明代衣服是宽袍大袖，相对来说比较占展线。如何以这寥寥的 32 件藏品为主体来组成展览呢？

第一步，将衣服做分类（图 3-9）。这 32 件衣服有冬装与夏衣之分、有外衣和内装之别，分布于三个单元，其中 11 件官制服装属第一单元"垂衣天下治"，12 件吉服属第二单元"华锦庆嘉时"，9 件便服属第三单元"香霭入长裾"。这 32 件衣服有着丰富而多样的面料：丝、麻、葛、棉。这四种是大的分类，在丝的大类里，又细分为丝、绸、纱、罗、缎等质地。同时这 32 件衣服又是五颜六色的，有大红、赤色、赭红色、白色、月白色、蓝色、绿色、墨绿色、葱绿色、香色、茶色、青色、本色等。服装虽不多，但经过这样的布局，在明代服饰的功用、款式、材质、色彩等方面，都具有代表性和典型性。

第二步，以上述服装为中心，依据服装与鞋帽、革带的佩戴关系以及与笏板、腰牌、饰品等的搭配关系，寻找与服装相关的文物，从而进一步扩充"衣冠大成"的展品。比如，与朝服搭配的梁冠、革带、大带、鞋等，与常服即圆领补服搭配的乌纱帽、革带、印绶、腰牌等。再如，与男子便服道袍搭配的束发冠以及女子佩戴的发簪、耳环、玉镯等饰品，包括与衣物整理、收纳相关的铜熨斗和花熏，也都被有选择地纳入"衣冠大成"展品的范围。这样，展品扩充到 74 件。

官服   吉服   便服

图3-9　明代服装展品分类

（二）文物深解读

确定服饰展品后，紧接着就要考虑对这些展品如何解读，解读到什么程度，哪些方面是观众想了解的，观众想了解到什么程度。

我们发现，很多观众是古装爱好者或是服装从业者，他们对服饰的细节特别感兴趣，希望对服饰的面料、纹样和款式进行详细的了解。明代服饰装饰有华美的图案，有祥云纹、"卍"字纹、如意纹、龙凤纹和百花、百兽等纹样，有些已经是程式化的象征性符号，蕴含着人们对美好生活的向往，我们对这些寓意都做了详细的解读。

华服爱好者和华服从业者，对于服饰的款式和结构尤其感兴趣，因为他们想穿上最正宗的明制服饰。对于这些需求，我们在展品的说明中增加大量服装的详细尺寸数据，绘制重点服饰的结构图（图3-10、图3-11）。对展品的解读，

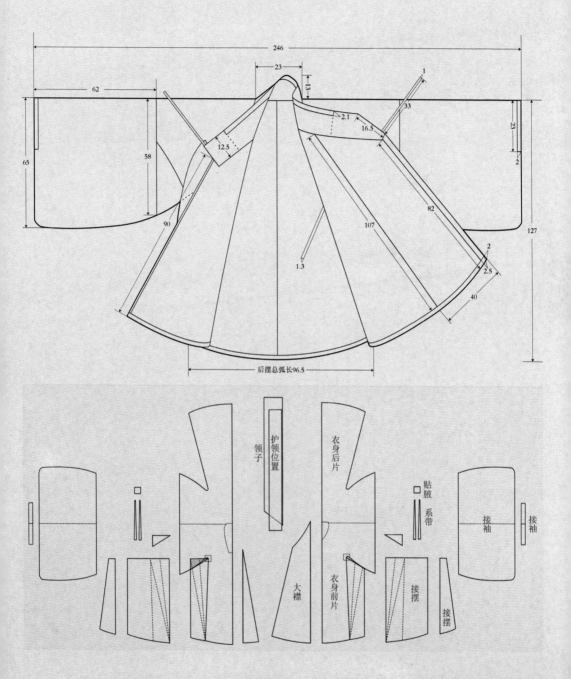

图3-10 道袍详细数据（上）

图3-11 道袍裁片结构（下）

除了将其工艺介绍透彻外，我们还想再进一步，提高实用性，请服装专业人士绘制部分服饰的裁剪图，以便华服爱好者按图裁制，自己做出明代服装，真正做到让收藏在博物馆的文物活起来。我们选取了馆藏珍贵的、上过《国家宝藏》节目的网红展品——明代朝服，请人绘制馆藏朝服的上衣、下裳以及内衬的白纱中单的裁剪图。事实证明，这一方式好评如潮。

（三）格物而致知

展览不仅要传道，也要解惑。观众通过展览了解明代服饰的形制、工艺以及衣冠背后的礼仪，他们不仅学习知识，也可能需要解惑。比如，观众看过戏曲和明代画像中许多明代官员的腰带并不紧束腰间，而是宽宽松松地挂在腰部，有时还用手托扶着腰带，参观"衣冠大成"时可能会产生疑问：腰带为什么不紧束腰？是不是腰带过长？是不是很重呢？到底有多重？一个有深度的展览，要有问题意识。所以，对于展览策划时预估的这个问题，我们提前在展板上给出答案：一是由于明代公服革带镶嵌的带銙数量为 20 块以上，这些加起来的长度通常就超过实际腰围很多。所以明代后期，皮带从圆领袍的两胁处的细钮穿过，不紧束，而是虚悬于腰部俨然变为装饰，取严正威严之意。宽大的袍服没有革带的束缚，自然下垂，不仅方便穿着者行走和运动，也让穿着者平添几分风雅倜傥之感。二是革带阔者四指，约 6 厘米，所镶玉带的重量都很大。因此，许多腰带采用雕刻等变通的方式，使玉带既轻便又美观。我们将展品白玉透雕玉带板的重量加以标明，总重量为 823 克，革带现已残失，如果加上革带的重量，估计已超过 1000 克，分量仍然很重。为了减轻玉带的重量，有人甚至以看起来差不多的象牙和木质来替代玉板和犀角，以纱或布带来取代革带。

图3-12　明　赭红色暗花缎缀绣鸾凤圆补女袍的形制（山东博物馆藏）

　　不过，有的问题我们也没有答案，属于未解之谜。比如，赭红色暗花缎缀绣鸾凤圆补女袍，形制上有特殊之处，袍身前短后长，底缘正中有布纽一颗，后身却没有与之相扣合的纽襻（图 3-12）。这种形制到底是什么样的？适用于什么场合？有研究认为，这种形制的服装平时用纽扣将后长摆扣起，跪拜时放下，以免走光。这些问题是我们在研究中遇到的，在策划展览时仍然没有一致的结论，对于这个问题，我们没有回避，而是提出来引发观众共同思考，和我们一起寻找答案。

　　还有一些问题，需要我们策展人进行反向思考。比如展品大红色飞鱼纹妆花纱女长衫，袖子上纹样的方向按照明代的惯例应该是相对或相背，而这件长衫的蟒纹却朝一个方向顺了，显然是错版。大红色四兽朝麒麟纹妆花纱女袍的袖子也存在这个情况。这种错版，有悖于展品全是精品的展览定位，但，这种活生生的历史，恰恰是"粗大明"的实证。所以，我们没有因为避讳而去掩盖，而是在展览中将其作为一个小槽点呈现给观众，反生趣味。

（四）锦衣为谁裁

这些服饰展品在明代是与人们生活紧密联系的物品，是人们的着装。随着岁月的流逝，已失去了原来存在的环境以及原有的具体功用，失去了和主人的联系，这些文物虽然依旧是真实的，但现在看起来只是一个个独立的个体，难以承担更有说服力的叙事角色。展览策划的意义就在于用这些真实的物，在无法得到原有环绕物所有信息的情况下，依靠现有的物，在其单一的基本信息之外，将物背后隐喻的符号特征提炼出来，把与物相关的他物以及与物可能相关的人找出来，构建出物与人以及人与人之间的更为本质的联系，为主体展品制造出特定的展示语境，进行与展览主题相符合的解读，从而帮助观众更好地理解和接受展览的内容。

这些明代服饰是什么人穿的，男人还是女人？经过梳理，32 件衣服照顾到了男装与女装的平衡：一共是 15 件男装、17 件女装。再者，人在社会里是有身份之别的，这些服饰在明代可由什么身份的人穿着呢？经过归纳，这些衣服均为官员的朝服、公服、常服、吉服，命妇的礼服，贵族女子的吉服，士人或有一定身份和地位人的便服等，缺少普通人的衣着。但是，历史留下来的往往是精品，无法反映各个阶层的全貌，这种遗憾也是无奈的现实。不过，这些精品是时风所尚，明代服装的基本款式：男子的上衣和下裳、圆领袍、褡护、贴里、道袍、直身，女子的袍、裙、短袄、短衫、长衫、比甲等一应俱全，基本能映射出当时的制度以及人们的喜好，也能从一个侧面反映整个社会阶层的审美情趣。

（五）见人更见史

要将物与人的联系落到实处，让观众对明代服饰与人的关系有更清晰、更确切的认识，最好能找出与服饰相符的历史人物进行举例说明。在当今快节奏的时代，图示说明最符合观众读图的偏好。经过调查和甄选，山东博物馆、孔子博物馆以及青岛市即墨区博物馆、平阴县博物馆等藏有几幅明代历史人物画像，画像中人物的着装恰恰能和服饰展品一一对应，"有图有真相"，以此为中心，构建起衣物与具体的人的密切联系。一个个鲜活的历史人物，为观众由物见人、由人见史提供了可循的途径。"衣冠大成"共选了 15 位以上的历史人物与明代服饰进行关系的勾连。

（1）蓝章（1453—1525），山东即墨人。成化二十三年（1487）任安徽徽州婺源（现属江西）知县，历任潜山县令、贵州道监察御史、浙江巡按、山西巡按、太仆寺少卿、大理寺右廷尉、陕西巡抚等职，正德九年（1514）官至南京刑部侍郎。

（2）于夫人（生卒年不详），蓝章之母。

（3）徐夫人（生卒年不详），蓝章之妻。

（4）蓝田（1477—1555），字玉甫，号北泉，嘉靖癸未（1523）进士，官授河南道监察御史。山东即墨人，为蓝章之子。

（5）明神宗朱翊钧（1563—1620）。

（6）徐显卿等诸臣子。徐显卿（1537—1602），字公望，号检庵，长洲（今苏州）人，隆庆二年（1568）进士。曾修《明穆宗实录》，官至吏部侍郎。

（7）沈度（1357—1434），字民则，号自乐，松江府华亭（今上海金山）人，宣德中为翰林学士，明代书法家。

（8）孔尚贤（1544—1621），字象之，号希庵，山东曲阜人。孔子的第六十四世孙。明世宗嘉靖三十八年（1559），袭封衍圣公，赠太子太保。

（9）张夫人（1552—1627），孔尚贤继配夫人。

（10）边贡（1476—1532），字廷实，历城（今山东济南）人。弘治九年（1496）

进士，官至太常丞。明代著名诗人、文学家，"前七子"之一。

（11）邢玠（1540—1612），字搢伯，一字式如，号昆田，益都县（今山东青州）人。明穆宗隆庆五年（1571）进士，初授密云知县，继为御史、巡抚等官。万历二十二年（1594）以南京兵部侍郎总督川贵军务，处置播州杨应龙之乱。次年回朝，加右都御史。万历二十五年（1597）升任兵部尚书兼蓟辽总督，率师开始万历援朝之战，次年告捷。以功累加至少保兼太子太保。

（12）黄培（1604—1669），字孟坚，号封岳，山东即墨人，明代兵部尚书黄嘉善嫡孙。崇祯年间任锦衣卫指挥佥事，历官都指挥使，例授金吾将军。

（13）毕自严（1569—1638），字景曾，号白阳，又号长白居士，山东淄川人。万历二十年（1592）进士，授松江推官。历任刑部主事、工部员外郎、淮徐道参议、河东副使、洮岷兵备参议、陕西右布政使、太仆寺卿、南京都察院右都御史，天启、崇祯年间任户部尚书。

（14）毕际壮（1615—1638），字履礼，号官生。毕自严长子。

（15）毕际有（1623—1693），字载积，号存吾。毕自严仲子。

以上人物，有皇帝，有衍圣公；有官员蓝章、毕自严；有锦衣卫黄培；有军事家邢玠；有文学家边贡；有命妇，蓝章的母亲和妻子；有青年和少年，毕自严的儿子们。以下分别是与他们所对应的服饰。

（1）朝服：朝服实物为衍圣公朝服，与朝服所搭配的是梁冠，因衍圣公无朝服像留存，故选蓝章朝服画像。蓝章为七品，梁冠为二梁，正好可以反映不同品级官员在朝服上的区别，同时选取原定为元伯颜察尔驸马的画像，此画像主同为七品、亦着二梁冠，但在内衣袖缘的颜色、腰间大带以及下裳的长短等处有细微差别，我们将之与蓝章画像对比展出，让观众更深入了解服装的整体性与差异性（图3-13）。蓝章和佚名画像为单人像，我们又选取了《徐显卿宦迹图之皇极侍班》群像为底本来做视频，展示诸多官员穿着朝服列队参加朝会的场景。

（2）公服：选用边贡公服像和蓝章公服像。边贡和蓝章皆头戴展脚幞头、手持笏板，不过边贡为红色公服，蓝章为青色公服，反映了明代品官公服等差以服色来进行区别：一品至四品服绯袍，五品至七品服青袍，八、九品服绿袍。边贡和蓝章两人代表了二品绯袍和七品青袍两个品阶。

（3）忠靖冠服：忠靖冠服为官员的燕居服，无实物服装展品，只有忠靖冠，所以采用北泉忠静冠服像，即蓝田任河南道监察御史时的冠服像来展现。

（4）常服：常服展品较多，补服也是观众最熟知的明代服饰。展览选用沈度圆领补服画像做背板（图3-14）、选用毕自严的圆领补服巨幅画像做展品，沈度生活在明朝早期，毕自严属于晚明，二者做对比，可以看出圆领袍、乌纱帽和绶带等从明早期到明晚期约200年间的变化。又选用故宫博物院藏《徐显卿宦迹图之金台捧敕》做版面（图3-15），展示皇帝明神宗的穿着以及官员着常服参加礼仪的状态。

（5）命妇服饰：用蓝章夫人徐夫人和蓝章母亲于夫人的画像，来演示"妻以夫荣"和"母以子贵"不同身份的命妇的着装方式，而且，两人所穿一为大衫霞帔的礼服，一为圆领补服，恰好可展示不同款式的服饰。

（6）素服：素服的展品是展览所缺乏的，只能以图示说明。《徐显卿宦迹图之步祷道行》中朱翊钧及徐显卿等文武百官皆着青素服祭天求雨。

（7）道袍：通过《毕自严课子图》，反映了老年毕自严、青年毕际壮和幼年毕际有三个年龄段的人道袍的穿着和搭配方式。

（8）蟒袍：吉服是展览重点展示的部分，所以选用的画像比较多，有孔尚贤和张夫人、邢玠和黄培。

选用第六十四代衍圣公孔尚贤夫妇吉服盛装画像，是为了表现同级别的人物间服装的搭配关系。展览原本还选有戚继光画像，本意是在展示明代服饰的同时，激发人们的爱国热情，达到以展育人的目的。嘉靖四十一年（1562），戚继光率军连破牛田等倭巢，又追至林墩将倭寇歼灭。士民希望为戚继光画像立于祠堂祀拜，但，戚继光谦虚地认为胜利都是各级官兵共同取得的，自己即便有功，也不足以报答国

图3-13 蓝章与佚名人物朝服画像

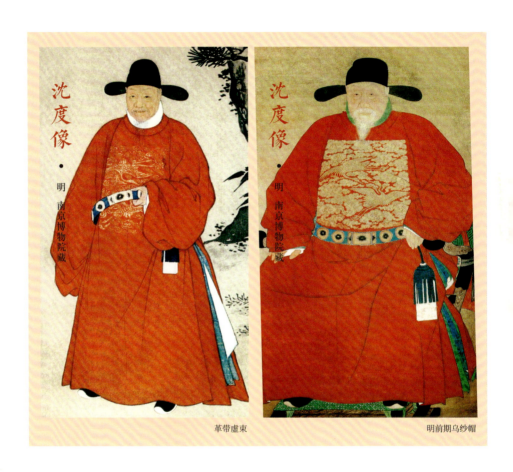

图3-14　沈度画像版面

图3-15　徐显卿宦迹图之金台捧敕

图3-16　明　戚继光画像（山东博物馆藏）

恩，乃"厚赏其丹青而遣之"。当年画像虽未绘成，但还是有戚继光的画像留存下来。1957年戚继光的后人将所藏戚继光画像（图3-16）捐给山东博物馆。衣冠像以工笔重彩描绘戚继光的容貌与穿戴，画像中戚继光着大红圆领蟒袍，戴乌纱帽，佩玉带，内衬白色中衣，足着白底黑官靴，端坐椅上，供后代子孙瞻仰纪念。但因年代久远，戚继光画像面部色彩变暗，而且可能为民间画工所绘，服饰和敷彩均不精良，再三考虑后，没有采用。

　　论及明代服饰在历史上的作用，自然会关注明代服饰在当时的影响，展览特设版面"'衣冠文物　悉遵华制'——明朝服制对李氏朝鲜服饰的影响"（图3-17）。

"衣冠文物　悉遵华制"——明朝服制对李氏朝鲜服饰的影响

朝服方面

明洪武三年(1370)太祖高皇帝对王氏高丽进行了首次赐服,其中便包含群臣朝服;李成桂奉大明正朔,建立李氏朝鲜后,衣冠制度多沿用高丽旧制。明永乐十四年(1416),朝鲜以《洪武礼制》为主要依据,按"递降二等"以示宗藩的原则详订本国朝服之制。"递降二等"即朝鲜《太宗实录》中所谓"(本国)第一等秩,比中朝第三等"之意,以此类推,至"(本国)第七等秩,比中朝第九等"。后世,朝服虽经国俗化,但李氏朝鲜的朝服制度其本质仍深受明代服制的影响,这种影响一直持续到大韩帝国时期。

李棫(1677-1746)
画像收藏于韩国立中央博物馆

李昰应(1820-1898)
画像收藏于韩国立中央博物馆

李𤨭(
画像收藏于韩国首尔

常服方面

李氏朝鲜的常服制度,深受明代服制的影响。(李朝)世宗八年(1426)礼曹及仪礼详定所依据洪、永乐两朝赐服咨文及礼部榜文,并《洪武礼制》等中国典章详细考订了朝鲜的朝服、祭服、公服、常服制度。

常服胸背(补子)按"递降二等"原则效仿明制,即文官一品以孔雀为饰,武官一品以虎豹为饰。国俗化进程中胸背制度又出现简化现象,但常服概念及服用场合仍深受明代服制的影响。同时,有明一代朝鲜常服式样与明代流行之趋势大体保持一致。明亡后,朝鲜常服式样虽同样受到国俗化影响,但仍未脱离明代服饰制度的影响。

李诚胤(1570-1620)
画像收藏于韩国立古宫博物馆

南九万(1629-1711)
画像收藏于韩国立中央博物馆

李圭祥(
画像收藏于韩国立

图3-17　明制服装对李氏朝鲜服制的影响

图3-18　明　黄培画像（局部）（山东博物馆藏）

（六）衣冠亦载道

　　锦衣卫是可以穿飞鱼服的。展览选了一幅锦衣卫黄培的大红色过肩蟒曳撒吉服像（图3-18）。对于黄培的选择也是有深刻寓意的，黄培在明崇祯年间因祖父黄嘉善而承袭了锦衣卫金事一职，在朝以刚方闻，虽为锦衣卫，但他深受儒家文化的影响，有记载说他有儒者之风，和人站着谈话，身体挺直而端正，过几个时辰都保持挺立不动摇，对人非常尊重。黄培的书法亦清雅不俗，颇有功力。画像中黄培锦衣

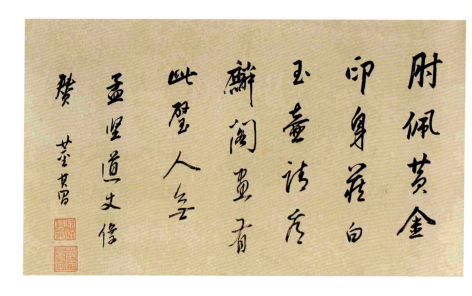

图3-19　明　黄培画像上董其昌题跋（山东博物馆藏）

华服，风华正茂，正如董其昌在画像上所题，黄培是"肘佩黄金印、身藏白玉壶"的"璧人"（图3-19）。

可惜黄培生逢乱世，入清以后，因前面讲到的蓝章、蓝田的后代与之有隙，黄培被蓝氏以"藐国、欺君""私通南寇，力图中兴"的罪名告发，后又被人告以"诗集中隐含叛语、诽谤清朝语"等罪名，最后，黄培以文字狱罪名被判入狱，并处以死刑。在清朝仍"宽袍大袖，沿用前朝服制"且蓄发留须，也是其被指控的主要罪状之一，曾为人增添光彩的华章丽服，竟成为致命的口实，让人唏嘘。这一方面从服装看到了明朝兴衰对服饰的影响，另一方面更是呼应了展览的主题，展览见物见人见精神，衣冠载道，服章承载着厚重的华夏文明，一直为历代有节之士所坚守，从古代走向未来，具有生生不息的活力。

四、妙笔更添花

展览中除了文物，能向观众传递展览内容的一个重要方面是文字说明。按照说明文字的目的，"衣冠大成"的说明分为以下几个层级：前言、结语、部分说明、单元说明、组说明和图表以及文物说明牌等。它们各有分工，不平均用力，相互之间有机组合，共同说明展览主题。在展览大纲文本撰写过程中，要格外留意各层级说明之间的相互搭配。

（一）文风有千秋

展览的这些说明文字也有文风之分。一般来说，展览说明属于说明文，这种说明文，基本的风格都是严肃的、正统的、教科书式的，偶尔也有抒情的、诗意的。一个展览应当运用什么样的文风才是适合的？"衣冠大成"的策划中，对前言的说明文字进行了两次大的修改。一开始，我们写了一版工稳的前言，后来，为了和美丽的服饰相适应，有才的同事写了一版带有抒情意味的文字优美的前言：

前 言

缫丝纺线，漂染裁剪，缝绣绲缲……直到最后一块饰品附着完工，古人创造了华夏衣冠。自此，人猿揖别，文明远流。

天下熙熙与攘攘，上行下效，着衣戴冠，三六九等。布衣映华服，贵贱与尊卑。多少人，褒衣博带魂牵梦，挥之不去千百年！

　　凡王朝肇始，必钦定典章。有明一代，以礼御民。教化人心，恢复正统。上承周汉，下取唐宋，冠衣裳履，文治天下。定服饰、正人伦，万民安居乐业，开创太平盛世。

　　明代服制，繁杂有序，法度井然。俭朴与绚烂并存，新奇与华美共生。承载了传统伦理，又蕴藏着先哲思想。文以载道，衣也载道。当金声玉振、襟袂翩跹之际，衣纹之中，可见天地相合、阴阳混元；亦见万象包孕、古今贯通、世情与人心、纯真与沧桑……

　　这版前言拿给大家和专家征求意见，结果大家反映文字美是很美，但不好理解，还是通俗易懂的前言好，于是就又恢复了中庸的、规规矩矩的一版（图3-20）。

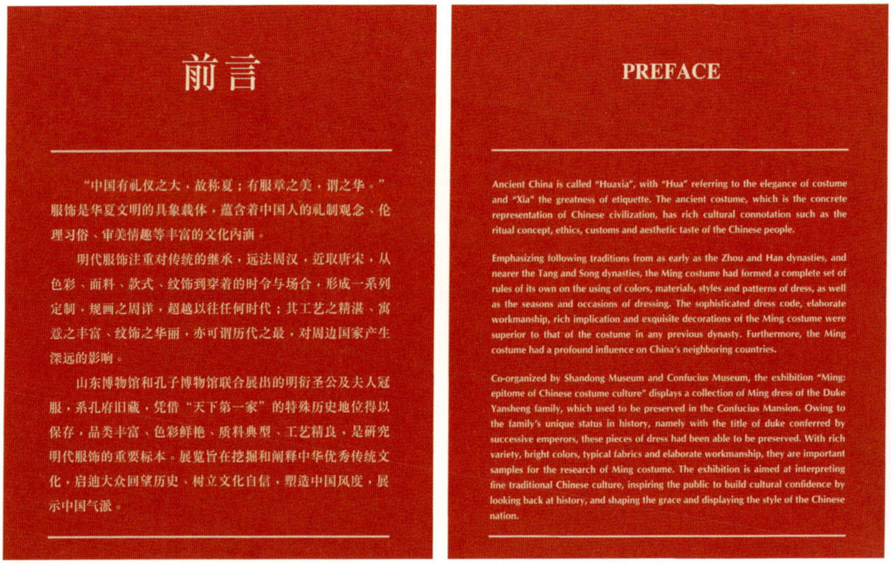

前言

"中国有礼仪之大，故称夏；有服章之美，谓之华。"服饰是华夏文明的具象载体，蕴含着中国人的礼制观念、伦理习俗、审美情趣等丰富的文化内涵。

明代服饰注重对传统的继承，远法周汉，近取唐宋，从色彩、面料、款式、纹饰到穿着的时令与场合，形成一系列定制、规画之周详，超越以往任何时代；其工艺之精湛、寓意之丰富、纹饰之华丽，亦可谓历代之最，对周边国家产生深远的影响。

山东博物馆和孔子博物馆联合展出的明衍圣公及夫人冠服，系孔府旧藏，凭借"天下第一家"的特殊历史地位得以保存，品类丰富、色彩鲜艳、质料典型、工艺精良，是研究明代服饰的重要标本。展览旨在挖掘和阐释中华优秀传统文化，启迪大众回望历史、树立文化自信，塑造中国风度，展示中国气派。

PREFACE

Ancient China is called "Huaxia", with "Hua" referring to the elegance of costume and "Xia" the greatness of etiquette. The ancient costume, which is the concrete representation of Chinese civilization, has rich cultural connotation such as the ritual concept, ethics, customs and aesthetic taste of the Chinese people.

Emphasizing following traditions from as early as the Zhou and Han dynasties, and nearer the Tang and Song dynasties, the Ming costume had formed a complete set of rules of its own on the using of colors, materials, styles and patterns of dress, as well as the seasons and occasions of dressing. The sophisticated dress code, elaborate workmanship, rich implication and exquisite decorations of the Ming costume were superior to that of the costume in any previous dynasty. Furthermore, the Ming costume had a profound influence on China's neighboring countries.

Co-organized by Shandong Museum and Confucius Museum, the exhibition "Ming: epitome of Chinese costume culture" displays a collection of Ming dress of the Duke Yansheng family, which used to be preserved in the Confucius Mansion. Owing to the family's unique status in history, namely with the title of duke conferred by successive emperors, these pieces of dress had been able to be preserved. With rich variety, bright colors, typical fabrics and elaborate workmanship, they are important samples for the research of Ming costume. The exhibition is aimed at interpreting fine traditional Chinese culture, inspiring the public to build cultural confidence by looking back at history, and shaping the grace and displaying the style of the Chinese nation.

图3-20　展览前言

不过，不管单元标题或版面如何，高度凝练的诗词都可以应用在展板上，以提升说明文字的意境，为此我们寻觅了适合服饰的诗词，如描写女装凤冠霞帔的"虹裳霞帔步摇冠，钿璎累累佩珊珊"，描绘道袍的"幅巾道服篷船坐，不是诗仙即酒仙"，形容女裙的"凝妆拟待三更月，露染生绡六幅裙"，夸赞锦衣吉服的"绣罗衣裳照暮春，蹙金孔雀银麒麟"和"紫诏蛟龙织，珍羞玳瑁筵。篆分银印细，花簇锦袍鲜"……这些优美的诗词有画龙点睛之妙。

（二）简洁+延伸

展览说明的外在形式分为版面说明和视频说明两种。由于展厅的空间有限，版面的面积也有限，而且，观众的注意力大多在文物展品本身上，对说明的关注相对较少，只有想对文物展品进行更深入了解时，才会去阅读文字，而且观众对文字的关注时间不会太长。所以，展览中版面说明的篇幅要控制，文字要言简意赅、简明扼要，并且要充分利用图表进行深入说明。

展览说明的第二种形式即视频说明，没有空间和容量的限制，内容可以充分发挥，是对展览的延伸阅读。这样，简洁的版面说明加上深入的视频文字，共同构成丰富的展览内容。

（三）专业是标准

随着网络时代的到来，信息的获取变得轻而易举，一些网络上可以轻易获取的信息在展览中要尽量控制不用，代而为观众提供独家的、原创的、专业的信息。一个专业的展览，说明文字一定要专业，首先要使用专业的文物定名，比如对于织绣类文物，国家文物局要求的定名规则是："年代"+"特征"（主要纹饰内容）+"工艺"+"质地"+"形制"。例如，"衣冠大成"中"明大红色四兽朝麒麟纹妆花纱女袍"，即年代为明代，特征为大红色，纹饰为四兽朝麒麟纹，工艺为妆花，质地为纱，形制为女袍。但是，专业不等于晦涩，专业的知识也要用通俗的语言表达出来。观众的认识水平和知识结构各不相同，我们只能以最普通的观众为版面说明文字设计的对象，尽量使用简单易懂的词语，适当运用日常用语，这样更有效、更容易为大众所接受，也能够吸引观众反复阅读或与同伴讨论以助于更好地理解展览内容。

（四）双语国际范

　　一个基本陈列，版面通常有外语翻译。对于一个临时展览，展出时间短，是否需要费力增加外语翻译呢？临时展览不会因为展出时间短，其说明词就比固定的基本陈列少，翻译的工作量是一样大的，而且古代服饰因为专业性强，翻译难度可能更大。再者，虽然韩国、日本等服饰研究和爱好者得知山东博物馆即将举办明代服饰展的消息后，准备来观展，但由于新冠疫情，国外的观众能否成行也很难判断。但我们决定全力以赴把这个展览做精、做好，所以，安排了优秀的有经验的外语翻译人员，对展览的标题和单元说明以及文物说明都进行了专业翻译（图3-21），一方面用于展览的图录，另一方面用于展览的版面，此外还可以用于展览的对外宣传。外语语种选择的是英语，因为掌握英语的人更多。从结果来看，增加外语翻译的效果非常好，国内一些大学的外国留学生过来观展时，很容易就明白展览的内容。除了展览现场，展览的图录以及网上展馆也都进行了外语翻译，使国内外读者和观众能够更好地理解展览。而且中

蓝色暗花纱贴里

Blue silk gauze pleated robe with subtle patterns

明

孔府旧藏

现藏于山东博物馆

图3-21　中英双语版面

英双语打通了走向国际的一个障碍，2022 年"衣冠大成——明代服饰文化展"顺利地走出国门，以图片展的形式亮相美国旧金山和卢森堡中国文化中心，这和"衣冠大成"有英语译文有关。双语体现了展览所具备的国际视野，有助于拓宽展览的边界，实现展览的广域传播，从而以中华文化打开向世界传播的通道。

五、巧匠出心裁

近年来，以中华传统服饰为主题的展览渐多，不可否认的是，展览的视觉传达手段，在彰显服饰背后的行为制度与价值观等文化精神方面具有重要作用。从陈列设计的角度看，"衣冠大成"的展品资源理想且丰富，在这种情况下，如何将展览打造为传统服饰文化展览领域的新标杆，成为本次展陈设计的重中之重。因此，本次展陈设计的核心目标就是在 900 平方米的空间中，尝试超越单纯的物质呈现，在展示审美张力的同时，通过视觉语言揭示明代服饰背后多元的文化内涵，从物理空间至心理体验，拉近现代公众与古代服饰之间的距离。

为实现这一目标，设计团队采用了两种主要的设计思路：一是从展品本身出发，借助情境、空间、色彩隐喻等手段，为古代服饰重构一系列时空语境；二是联系观众日常经验，借助映射（mapping）、沉浸技术等手段，调动多感官认知，促进当代公众在展览中与古代服饰背后多元文化内涵的"对话"。

（一）色彩变奏曲

与其他展览不同的是，色彩也是我们展示的内容之一。前面讲过，我们这批服饰与其他服饰相比最大的优势在于它们是传世服装，较好地保持了服饰原有的色彩。文物展品的色彩要真实地还原和更好地展示，"垂衣天下治""华锦庆嘉时""香霭入长裾"三个单元，分别展示明代官制服饰、吉庆服饰和日常起居服饰。官服的展品数量较少，但服装体系完整，是本次展览的重点展品部分；吉服内容下的展品数量最多，色彩最为丰富；便服展品的色彩则相对素雅，视觉感受较为统一。它们分属三个截然不同的场景。为了让观众更直观地感受到三种不同类型服饰的功能、风格与气质，我们在陈列设计思路上确定由暖色调主题向素雅的冷色调逐渐转变，提取三类服饰各自的典型颜色，应用在空间的装饰及整体的视觉系统中，形成了三种色系和风格的过渡与变奏（图3-22）。

官制服装是明代制度用于约束和规范官员着装的，它的用色要符合时代的色调。我国古代有五德终始说，各朝代按金木水火土五德相生相胜、相互代替，从而生生不息，与五行相对应，各王朝有自己崇尚的颜色。《明实录》记载，洪武三年（1370）明太祖诏考历代服色所尚，礼部奏言："历代异尚，夏尚黑，商尚白，周尚赤，秦尚黑，汉尚赤，唐服饰尚黄、旗帜尚赤，宋亦尚赤。今国家承元之后，取法周、汉、唐、宋以为治，服色所尚，于赤为宜。"太祖从之。夏朝是木德，崇青色；商朝是金德，崇白色；秦为水德，崇黑色……周、汉、唐、宋崇赤色，赤色为纯粹的正阳色，在上古人心目中地位非常高，"五采虽美，不若正阳之纯"，明朝亦选择尚赤。所以，在第一单元我们以赤色为主，突出等级和秩序，营造肃穆森严的氛围。

吉服用于吉庆的场合。吉庆华美的嘉礼场合，应由热烈的、奔放的暖色来表现。然而，这部分服饰本身的颜色已绚丽多彩，分外抢眼，于是，我们选取稍逊于展品主色的牙色、绯红和靛青等色调，作为沉稳的底色来进行气氛烘托。尤其是牙色，它给人以静谧之感，将热烈的红色系主角衬托得更加富贵、华丽，如同皇宫的建筑，一定要红黄搭配才有味道。

穿着便服的时候，人的内心是自由的、放松的，这时对应的色调应当是清新的、素雅的，所以，我们提取水色、月白为主色调，营造出闲逸雅致、亲和宜人的自然山水氛围。尾厅"明去处"，因为是展示服饰在新时代以及未来的创新发展，因此运用白色、银色等金属色调，以突出未来和科技元素。

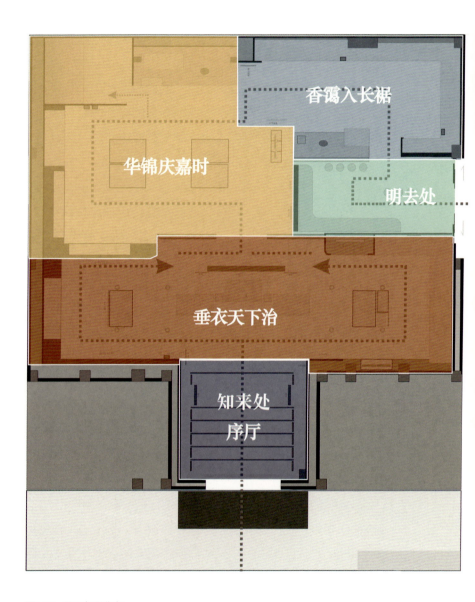

图3-22 展区色彩分布

（二）光影梦幻曲

纺织品属于对光照高度敏感的物体，光线对它的影响很大，不管是波长小于400纳米的紫外线，还是波长居于400～700纳米之间的可见光，都会造成纺织材料的褪色和脆化。这从日常生活中也可以观察到，衣服肩部和背部等被光照射多的地方容易褪色，而袖笼下面等避光部位的颜色则基本不变。"衣冠大成"在满足展览需要的情况下，将光照强度尽量降低，按照国际博物馆学会（ICOM）《博物馆照明推荐亮度要求》及国家标准《博物馆照明设计规范》规定，环境照度在30～100lux之间，展品照明则控制在50lux以内。展览全部采用冷光束卤钨灯，安装在通柜顶部玻璃的外面，较好地避免了长时间照明使展柜内温度上升、湿气丧失，从而对纺织品造成破坏。

灯的位置较高带来新的问题，观众视线高度的光线势必减弱。为了弥补这一缺陷，设计团队考虑将光线聚拢以减少漫射，增加展品光照，并且根据每件衣服的样式轮廓制作随形灯光（图3-23），以达到保护文物和美观的双重效果。追求这个效果为设计和施工增加了很大难度，由于每件衣服的尺幅不同、形状各异，光线同服饰轮廓的契合要求更为细致、技术要求更高，要为每件衣服单独设计扣型灯的灯光范围，同时为了让服装色彩在展览中的还原度更高，我们对不同展区的照度进行了区别设计，在施工安装阶段进行有针对性的调整，确保光晕范围的贴合。

在展出期间，这种随形灯光获得普遍赞誉，因为它将服装丝织物的质感表现得淋漓尽致，即使是普通的便服，也能表现出细节和纱的质感。比如有一件蓝色暗花纱女夹衫（图3-24），其蓝色偏灰蓝，立领，大襟右衽，长阔袖，左右开裾，乍一看平淡无奇。待细看，在展柜的随形灯的照射下，其纱质呈现出"如木之纹，如水之波"的奇幻效果，四方连续蟒纹隐约可见。可以想见，这样的衣服穿在一个温婉女子的身上，水木纹理随风姿而绰约，低调而奢华，美得令人陶醉。

图3-23 展览采用随形灯光（上）
图3-24 蓝色暗花纱女夹衫（局部）（下）

（三）平面不平凡

平面设计贯穿展览始终，从前期的海报，到展览开幕式的请柬，到展览中的地标、展标、布题板、文物说明牌，再到研讨会和社教活动的标识、观众拍摄区背景墙等。这些平面设计，都极其用心。

在展览名字最终确定之前，海报就已开始设计。展览版面采用什么样的字体，是许多策展人最易忽略的地方。适合的字体可为展览添彩。第一，对于书体，我们考虑展标及标题用工稳的楷书，内文可以用行楷。第二，书法的风格、风貌、风尚要与展览主题和展品协调一致。展览初期名字曾叫过"风华"和"大明华裳"，当时设计的海报为了体现"风"，选用的字体是行书而且是俗体字，加之服饰文物选择了热情的红绸蟒袍，整个海报呈现出一种开张奔放的感觉。展览名字正式确定为"衣冠大成"后，"衣冠大成"四个字我们参考了唐代褚遂良的《孟法师碑》中的楷书，该字结字朴拙、用笔沉挚，楷体中微参分隶法，饶有古意，加之文物选择的香色服装，虽也是蟒袍但非张牙舞爪而是高端大气，背景为蓝紫色，整个海报代表了展览设计的追求目标，即优美而高雅。展览各单元标题和说明也是采用标准的、规矩的楷书，与宗法传统的明代服饰文化有异曲同工之妙，甚是和谐。

展览开幕式的请柬是在设计图录时顺便设计和印刷的，当时我们对服饰上的蟒纹进行了提取和绘图，朱红的底色上黄色的蟒被各色祥云环绕。这张"高大上"的请柬，具有非常大的魅力，吸引了相当多的嘉宾（图3-25）。

展览开幕式幕墙设计亦高端大气（图3-26、图3-27）。展览的导览宣传页设计成服装的样式（图3-28），并且可以做手工的折叠，非常有创意。展厅方位地标的设计更是让人拍案叫绝，它没有简单地以普通的箭头表示，而是采用宽袍大袖的服饰造型，借用领子的三角形来指明展厅的方向（图3-29）。各级版面的设计也可圈可点，单元的用色、文字和底纹的选择，都与各单元的主题相呼应，非常好地诠释了展览的主题。

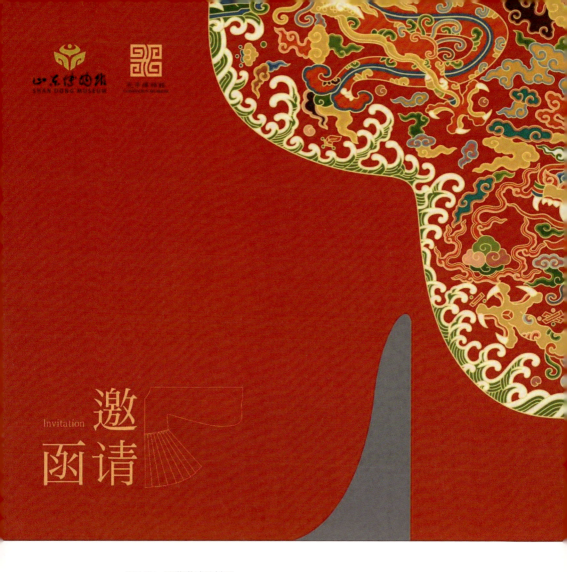

图3-25　展览邀请函封面

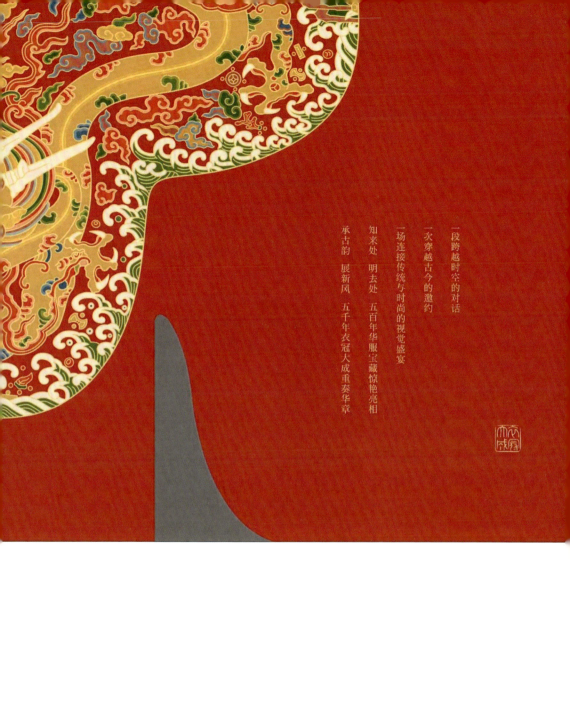

一段跨越时空的对话

一次穿越古今的邀约

一场连接传统与时尚的视觉盛宴

知来处　明去处　五百年华服宝藏惊艳亮相

承古韵　展新风　五千年衣冠大成重奏华章

图3-26　开幕式背景墙设计方案一（上）
图3-27　开幕式背景墙设计方案二（下）

图3-28　导览宣传页（上）
图3-29　展厅方位地标（下）

图3-30　从明代服饰提取的设计纹样

　　色彩和纹饰的运用也延续在平面设计当中。服饰展品的纹样往往在规制中又显示出极强的艺术张力，设计团队从中提取典型色彩与纹样元素图形化处理后，将其作为平面视觉元素，使整个主题板块和谐统一。例如，吉服单元中为了呈现华丽热闹的感觉，从袍服上提取蟒纹和凤纹（图3-30），从服饰飘带上提取花草纹样元素，应用于版面，并与空间色彩相呼应，整合成一个统一的视觉系统，形成美美与共的效果。

　　作为明制华服题材的展览，我们为华服爱好者准备了许多惊喜。展厅外侧设置了华服拍照点，在背景画中提取了明代古画中的意象元素，做了现代摄影风格的背景处理，摆上明式椅子，供年轻人打卡留念，因此吸引了许多身着华服的爱好者前来观展。无数观众和华服爱好者在此拍下了照片，这个背景墙在华服圈赢得很高的知名度。

（四）展具特定制

　　"衣冠大成"的展品涵盖服装、饰品、书画、古琴、铜器等种类，系统有序、完整丰富，其形状不同，材质各异，如何充分凸显展品特色与气质？为此，展览设计师深入调研，从具体的展品中获取灵感，并潜心设计。丝织文物固然是穿在服装模特上观众能更直观地了解其款式及功用，展览的效果最好，但从文物安全与保护的角度出发，明代服饰的品相不适合悬挂，只能采用尽量平展的方式，大多数的珍贵文物都采用了大型平柜，以平展的方式进行呈现（图3-31）。全部展柜均为展品一一定制，展柜的斜度、固定的工具、衬板和积木的包布，都有特别的考虑。展示倾斜角度不超过8°，衬板采用无酸板以减少酸度对丝织品的损害，展台版面贴铁板，上覆以丝、棉等细软而平滑的织物；将服装文物铺在展面上，以小而薄的磁铁将其吸附到展板上。磁铁以布等包裹，一是为了避免磁铁上的灰尘玷污纺织品，二是减小磁铁太强的吸力对丝织物造成损伤。同时将磁铁的金属面覆盖住，也起到了避免观众误解的作用，因为在以往的展览中，曾有观众以为磁铁是钉子，也有观众将其误认为是服装的扣子。

　　服饰以外的文物柜也是定制的，展品支架通过量身定做的固定件确保文物的稳定性。基于临展的特性，展柜内放置吸附型调湿材料，依靠自身的吸放湿性能，感应所在空间空气湿度的变化，自动调节空气相对湿度，保持展柜内部微环境的湿度平衡。玉器类展品则多以立柜展示，定制磨砂亚克力支架与透明亚克力积木；首饰类展品器型小巧精细，还另外配备了放大镜、镜面支架等辅助方式，帮助观众更好地进行观察与欣赏（图3-32）。

　　当然，对待展品也不是一视同仁，而是有区别对待，策展团队根据安全及视觉需要，为重点文物和一般文物量身定制不同的展示方案。对于全国唯一留存的明代朝服实物——"朝服衣裳"、国内现存唯一的传世男式飞鱼纹赐服——"香色麻飞鱼贴里"、惊艳现代华服圈的"梦中情裙"——"白色暗花纱绣花鸟纹裙"等国宝

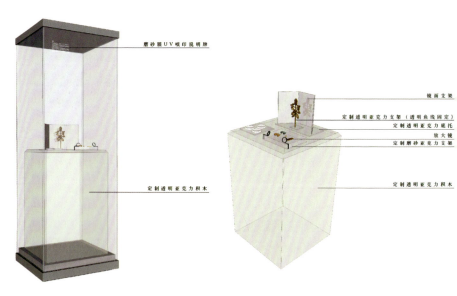

图3-31　丝织文物展出的方式（上）
图3-32　玉器、首饰等文物的展出方式（下）

级明星展品给予"C位"重点展示，并且，对花鸟裙进行复仿，将仿品在文物原件旁用模特立体展示（图3-33），让观众直观地感受裙子穿上身的实际效果。

受展厅原有建筑的限制，展示方案进行了实地调整。如现存最为完整的明代朝服实物为一套八件展品：梁冠＋白纱中单＋朝服上衣＋朝服下裳＋红色缎绿镶边云头履＋蓝素缎玉带＋雕龙纹玉佩＋象牙笏板。本计划将其放置于开场处，营造庄严肃穆的氛围感与视觉冲击，初期的设计是将朝服进行成套搭配展示，在台面用光线依次显示穿戴次序，并用半透的纱幔做围合处理以控制灯光、降低周边照度。但实施中受到展柜长度限制，而且白纱中单需要同朝服衣裳叠穿而不便以光线表示次序，因此对原设计做了更改，将白色中单与朝服的上下衣分别置入三个平柜，对称分布，两侧立柜则放置梁冠和云头履。朝服在第一等级，公服和命妇服饰在其左右空间中互相对应，再采用多媒体解读服饰穿戴的顺序。

图3-33 制作仿品进行立体展示

图3-34　序厅为古代服饰长廊（上）

图3-35　展厅的"轴对称"设计（下）

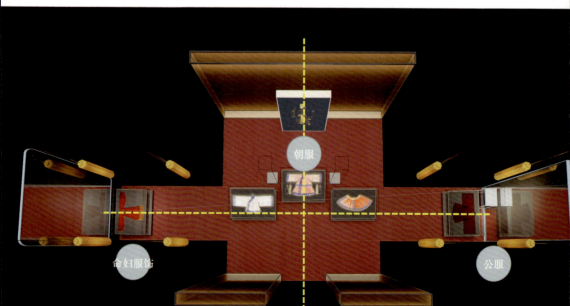

（五）由空间言说

本次展示设计希望能超越单纯的物质呈现，通过视觉语言揭示明代服饰背后的多元文化内涵，因此在展览宏观层面的空间布局与氛围感营造上，设计团队通过空间隐喻的手法，为古代服饰重构一系列时空语境，在让观众身临其境的同时，揭示出服饰的社会功能与文化内涵。

"衣冠大成"所选用的展厅入口原本是个狭长的空间，起初的设计是向外延伸至展厅外走廊的湖蓝色走道式方案，后来根据博物馆空间使用的规范，将突出部分从向内缩进改为赤色为主的门头，将内部狭长的空间引入时间轴的概念，以历史长廊的形式来进行序厅"知来处"的古代服装史回顾（图3-34）。这种空间的拓展让展览的导向性更加明确。从上古到清代，服装经历了几千年的变化，这一变化以各个时期的典型款式线图来展示，更加直观。绘有历朝服饰形制图的屏风构造出的"衣冠历史长廊"，直线条阵列化的结构达成一种纵深感，观众移步其间，一眼千年，不仅可以迅速地了解中华服饰简史，了解明代服饰在中华服饰史中的地位以及特点，而且，也有利于调整状态，循序渐进地沉浸到庄严肃穆的氛围里，进入大明王朝，体会明代等级森严的服饰制度。事实证明，这个服饰史长廊很受观众欢迎，也成为最佳拍摄点之一。

"垂衣天下治"的展品是最能表现明代等级和秩序的服饰，适合中规中矩庙堂之气的空间。我们借用中国传统建筑"轴对称"概念，设计了两组中轴线（图3-35），依序放置等级不同的服饰展品，立体传达出服饰背后的社会制度、信仰观念等内涵。展厅入口中轴线的视觉尽头，陈列着珍贵的明代朝服，象征着高等级权力；朝服东西两侧延伸出另一条中轴线，对称陈列着公服与命妇服饰，象征着次一等级的权力以及服饰背后的性别关系。从中轴到两侧，服饰的等级依次递减。为了更贴合服饰本身"适身体，和肌肤"的温和触感，空间中多运用去尖锐化的造型以及柔性的帷幔等装饰来渲染这种氛围。在空间秩序的转换中，观众得以感悟明代服饰背后的礼仪制度。

（六）让语境回归

　　服饰本身是人类生活的一部分，是身份与情感的外化表达，去语境化的孤立展示将使传统服饰停留于审美对象而难以链接当代公众。因此，在表现明代服饰的具体功能、纹饰用意、穿衣方式等微观细节时，设计团队更多地采用了情境建构的方法，以特定人物或故事为线索，通过画像、蜡像、复仿服饰、配饰等展品的关联性组合或多媒体阐释，为古代服饰重构时空语境，使脱离语境的古代服饰再次回归到官场、礼仪、日常这三个历史语境中得以解读。在让观众身临其境的同时，以小见大地折射出服饰背后的社会功能与文化内涵，将观众体验的视野延伸至服饰的礼仪制度、生活方式等多个维度，不仅传达"明代服饰之华美"，更是透过服饰获得揭晓历史奥秘的惊喜。

　　"有图有真相"，图像是服饰回归历史的定格。吉服部分最初选择的是孔子第六十四代孙衍圣公孔尚贤和第六十五代孙衍圣公侧室陶夫人画像，但我们发现这两个像主不是一代人，显然不合适，于是就考虑换成平辈人的画像。因为陶夫人在孔府家族中颇有威望，展览中很多服饰据推测都是她的，所以想保留陶夫人画像，并且找她丈夫的吉服画像来与她配对。陶夫人的丈夫为第六十五代衍圣公孔胤植。这里有个"坑"要注意：衍圣公孔胤椿虽是孔子第六十五代，且有吉服画像，但他未袭封衍圣公时先卒，为"赠衍圣公"，陶夫人为孔胤椿的弟弟第六十五代衍圣公孔胤植的侧室。然而孔胤植只有小像，没有吉服像。最后，只得舍弃陶夫人，保留孔子第六十四代孙孔尚贤。孔尚贤的元配严夫人为吏部尚书严嵩之孙女、工部侍郎严世蕃之长女，虽有小像传世，但其像为便服，与孔尚贤吉服像不协调，只有侧室张夫人的吉服像最为搭配，所以选择"皇清诰赠一品夫人前明封一品太夫人六十四代衍圣公继配张太夫人像"和孔尚贤画像并列。在现场悬挂和图录编辑时，我们也注意按照明代当时的座次习惯进行排列（图3-36）。观众看到的是最终定稿的展板，不一定知道画像背后还有策

图3-36　孔尚贤夫妇吉服画像版面

展人这么多的考虑。策展时考虑到方方面面，细致入微，才不会引起观众的误解，才可以传达正确的史实。

　　图像的升级版是场景的复原，它可以让静默的展品变得生动和立体。展品墨绿色妆花纱云肩通袖膝襕蟒袍，直径纱地平纹花，四合如意连云纹，间饰杂宝纹等纹饰（图3-37）。交领，右衽，长阔袖，左右开衩，有内摆，加白暗花纱护领。前胸、

图3-37　明　墨绿色妆花纱云肩通袖膝襕蟒袍（孔子博物馆藏）

后背、两肩织金妆花织柿蒂形过肩蟒，内边饰海水江崖，间饰杂宝、彩云；袖
襕织升蟒，膝襕织行蟒，底摆饰海水江崖。云肩、袖襕、膝襕装饰区内以红、白、
绿、黄、蓝为主色调，配色鲜艳明快。采用局部"挖花妆彩"的技法织成。

　　我们在策展时寻找与服饰相关的图像，惊喜地发现馆藏"钱复绘邢玠像卷"
中抗倭英雄邢玠的穿着与此蟒袍高度相似（图3-38）。邢玠曾于万历年间率雄师
数万援朝抗倭，是非常正面的民族英雄的形象。画像中邢玠头戴华阳巾，身穿
蓝色云肩通袖膝襕蟒袍，腰束钩绦，足穿大红履，手持如意。于是设计团队依
据画像卷里描绘的情景进行了蜡像塑造与场景还原（图3-39）。在对"钱复绘邢
玠像卷"画面进行场景复原的过程中，家具的造型尺寸、坐垫的纹样、手中物
件及桌上陈设都完全按照原画定制，背景画则根据山水自然趣旨，对原图像的
场景意向有所取舍，进行了再设计与创作，使情景化场景更简洁，视觉效果集
中于前置的人物与文物展品之上。对比一味堆砌场景的展览，这一情景还原尤

图3-38　钱复绘邢玠像卷（上）
图3-39　钱复绘邢玠像复原场景（下）

具视觉吸引力。服饰文物与传统画像、穿服饰的古人与身着华服的现代观众，三者置于同一语境之下，有机地产生了跨越时空的对话，也让展品间关联性更强，主题更为完整（图3-40）。

"衣冠大成"整个展览细致入微，配合空间的基调精心设计，共同营造引人入胜的展览情境。这个情境，从展品的摆放位置、展览隔断用材、图板外形、展柜看面构造到展墙框架结构的线条，都是"明式"风格（图3-41），比如展柜看面、图板的边缘造型以及纱制隔断屏风都被处理成类似明式家具的圆角形态，隔断的外轮廓取自明代绘画中的建筑样式，为观众营造出身处明代庭院的联想

图3-40　穿着与邢玠同款服饰的观众

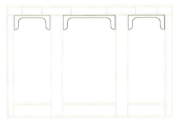

图3-41 展厅内明式风格装饰

之门，使穿着明制服装的观众有穿越回明朝，身临其境的感觉，所以，着华服的观众在展厅里流连，与环境非常和谐。

（七）多感官调动

"看展""观展"，展览只是用来观看的，这是人们对展览的刻板印象。其实展览不仅能看，在设计展览时，我们想把展览打造成一个不仅仅是"看"的展览，还注重调动观众视觉以外的听觉、触觉、嗅觉等多重感官，从而使观众沉浸其中。这种调动，也是基于展览内容的需要。我们知道古代丝绸有绫罗绸缎，实际上，丝

图3-42　面料触摸体验区

绸的种类远比这更复杂，尤其是在丝绸业高度发达的明代，又有妆花和织金等复杂的工艺。要区分这些种类，仅靠看文物、看展品说明牌是远远不够的，我们设置了一处互动点，观众可通过触摸绫、缎、纱、锦、绢等面料样品，感受其中的微妙差别，以便多一重维度体会古人穿着这些面料的服饰时的感受（图3-42）。

　　在"香霭入长裾"的单元，古人脱下了正统约束的服装，换上舒适的燕居服。在闲适的环境里，最放松的方式无疑是读书、吟诗、弹琴、焚香、品茶……所以，展厅释放香的气味、播放的琴曲，让观众沉浸其间。曲子不抢不吵，就在耳边，隐隐约约。有观众在微博上问"展厅播放的是什么曲子啊，那么好听！"她不了解，那是设计师特意为"衣冠大成"剪辑合成的，系专属定制的"衣冠大成曲"。

六、文保筑基石

　　保护文物是博物馆人的使命，策划展览向社会更多地展示馆藏文物是我们的任务。馆藏明代服饰的品相虽然较很多出土文物要好很多，但这种娇贵的丝织物能否展出？又如何在展览中保护？这是"衣冠大成"能否成功举办的先决条件，也是我们展览策划团队遇到的最重要的问题和挑战。

　　山东博物馆曾于2012年、2013年做过短期的明清服饰展，一晃距离上次展出已过去七八年的时间。近年来，山东博物馆在文物保护，尤其是在预防性文物保护方面，做了大量工作。山东博物馆预防性保护工作形成了一套适合本馆实际的工作模式，建成了"环境监测""病害评估""温度控制""湿度控制""空气净化""照明控制""保存储藏"七套应用系统。这次，为了让"衣冠大成"顺利展出，文保部门对展厅进行了温湿度改造，较之以前，具备了更好的展出条件。我们请文保专家进行了论证，在展品的选择、展柜温湿度环境的控制、展台的倾斜度、积木面料的选择、灯光照度的调节等方面，都有特别的考虑，做出了最大的努力，最大限度地保护了文物。

（一）织品先评估

　　纺织品属于有机质文物，通常由植物纤维（棉织品和麻织品）或动物纤维（丝绸和毛制品）组成，受光线、大气污染以及温湿度的影响（图3-43），植物纤维中的纤维素易发生水解，动物纤维中的蛋白质易发生酶解和降解。纺织品对紫外线也

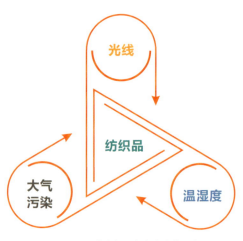

图3-43　影响纺织品发生变化的因素

很敏感，会发生光氧化降解，产生断裂，织物上的染料也会氧化褪色，不适宜的温湿度可能使织物发生霉变。一般情况下，纺织品在博物馆里属于限制展出的文物范围内。

　　因为衣物面料易损的特质，明代服饰存世量少，这些服饰多为丝织品，很多已经出现残缺、破裂、糟朽、粘连、皱褶、晕色、褪色、水渍等情况。在选择"衣冠大成"展品时，我们首先从工艺特征、机械强度、染色力度、污染程度、霉菌虫害等方面对文物藏品的状况进行了评估，最大限度地注重文物的现状，对于残损严重的服饰，即使展览内容上需要，也要忍痛割爱，藏而不用。如，山东博物馆藏蓝罗盘金绣蟒袍，织造工艺、装饰纹样都异常精美，是明代吉服的典型代表，但由于文物残缺、破裂严重，品相不佳，所以展览中没有采用。

（二）布展有诀窍

因为丝绣类藏品易受光线、灰尘、大气污染物等因素引起的恶劣环境的影响，山东博物馆的丝织文物都存放在抽屉柜内。抽屉里衬樟木板，抽屉的滑轨加有缓冲器。抽屉的宽度是 150 厘米，进深为 80 厘米，厚度为 15 厘米，比一般衣服的身宽稍大，衣服基本是平铺在抽屉里，上面铺无酸纸，只有袖子稍微折叠，可以最大限度地减少对服装的损伤。一层抽屉里一般只放一件衣服，以减少服装的压力。

展览前相关工作人员进行了培训，内容包括纺织品保管、移动、病害评估等方面，以提高工作人员的文物保护意识。丝织服装的拿取，全程禁止扯拉。需要折叠时，以衣服的后背中缝为中心线向前身折叠，因为衣服开襟处本来就是开的，向前叠整体可以减少一个褶子，而且，内有衣服前襟的衬托，织物就不易出死褶。翻转衣服检查背面时，需要两人各自提着衣服的上下角同时进行，并注意衣服大襟的朝向。衣服一般是右衽，如果衣服正面朝上，翻到背面时，要顺时针方向翻转；如果衣服是反面朝上，翻到正面时，则要逆时针方向翻转，这样操作对衣服大襟的翻转幅度最小，损伤也最小。在织绣文物的存放和提用中，我们有一个经验：在每层抽屉内衬一个板子，将纺织品铺在板子上，提用服装时，直接提着板子将纺织品送到需要处，尽量让纺织品保留在板子上进行鉴赏或操作，用毕，则提着板子将纺织品放回抽屉里，这样可以减少对纺织品本身的触动次数。另外，选择展品时先从数据库里选；展厅布置结束，所有木工、电工和油漆工操作施工完毕，所有展览的布题板安装到位后，再从抽屉内取出服装运至展厅。这些也是减少文物触碰的小心思。

文物布展时，按照陈列的立体效果图，将展柜中最里面的文物先布置好，再由里到外地逐一布置，一步到位，避免重复用工，更是为了避免纺织品的多次拿取，以减少对文物的损伤。对于丝绣类文物，展具的选择也是预防性保护很重要的方面。服饰文物采取斜面展台比较稳妥，展台的斜度要尽量小。对于残损特别严重的服装，不要过多地考虑展出效果，而应当从保护文物的角度出发，直接采用平铺在积木上

图3-44　展出时服饰襻带自然散开

的方法进行展示。同时严格控制展柜内的温湿度、密闭性等，以杜绝空气中有害气体、灰尘以及虫霉等因素对文物的损伤。

　　明代服装多以丝带连接服装的衽，并已开始使用纽扣。这些襻带和纽扣，是服装中最易残损的部位。在日常的存放和展览中，不要借助于这些襻带和纽扣将服装固定，因为系带、解带和系扣、解扣的过程对丝织文物都有损伤，衣带在展出时散着就可以（图3-44）。另外，展览中我们还采取了一个保护文物比较实用的方法，即在衣服的折叠处衬以软垫，类似于西服垫肩，它使织物的折叠处轮廓比较圆滑，避免产生新的折痕。

（三）环境时时控

在环境调控方面，"衣冠大成"采用"小环境和微环境综合调控技术"，参考历年同期的展厅温湿度监测数据后，为了保证文物的展出安全，对展厅的空调系统和排风系统进行了全面排查。展陈中使用的材料为低污染符合规范的材料，严格控制污染物的排放，使柜内环境达到"适宜、稳定、洁净"的状态。利用中央空调、湿膜加湿机组、排风系统对展厅大环境进行调控，同时使用密闭展柜，加装净化调湿机对柜内小环境进行调控。

湿度是博物馆环境质量中非常重要的一项指标，纺织品受其影响极大。在纺织品中，丝绸、羊毛比棉布和亚麻制品对湿气更敏感。相对素色织物来说，彩色纺织品对湿度变化更敏感。不合适的湿度会对织物造成三种形式的损害：一是湿气参与的化学反应。二是湿度变化产生的物理形变。周围环境相对湿度的不同，会导致纤维经纬交叉处出现松弛或收缩现象。三是高湿度促成的生物腐蚀。在相对湿度70％、温度15℃的环境中微生物生长最快，虫蚀、霉变对文物材质造成朽蚀作用，在丝织物上产生黄褐色斑块，更有甚者，在织物表面形成生物群体。控制湿度是防止纺织品文物受到生物侵蚀的有效途径，而恒温恒湿展柜在控制温湿度方面是比较有效果的（图3-45）。"衣冠大成"采用了高质量的恒温恒湿展柜，展柜内环境保持在温度20℃±2℃，相对湿度为55％～60％，温度日波动不高于2℃，相对湿度日波动值不大于5％。

在环境调控完成以后，我们每天对展厅环境进行监测、评估，在符合上展条件后，才操作布展。在展陈期间，继续对环境进行监测，发现问题就及时进行调控。正是坚持不懈地做好展陈预防性保护工作，保证了服饰文物的展出安全，才有了"衣冠大成"的延长展出。展览原定展出时间为2020年9月29日至2020年12月31日，因为展出期间各项环境指标都调控得很好，文物安全有保证，所以，馆里决定顺应观众的需求，将展期延长至2021年2月28日。

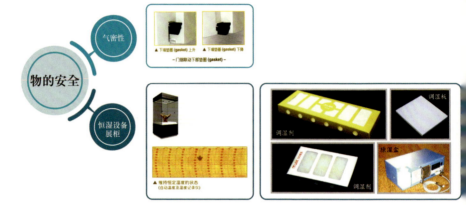

图3-45　恒温恒湿展柜

（四）幕后到台前

　　以前，文物保护尤其是馆藏文物的保护，通常只有文博界的人了解，近年来，随着人们对文物和文物工作的关注，尤其是《我在故宫修文物》等纪录片的热播，人们对文物保护工作越来越关注，也越来越热衷，甚至有的观众看到每一件文物展品都要问一下："这件修了没有？"他们以为每件文物都要经过修复。

　　针对观众对文保工作的关注，"衣冠大成"增加了相应的文保小知识，那就是出土文物与传世文物的区别以及文物保存环境对文物状况的影响。孔府旧藏服饰是一代代传下来的而不是出土的，因为它的保存环境相对稳定，所以品相较好，尤其是它的色彩，是出土服饰难以保留的、原本的颜色，即本色。另外，为了满足观众对文物修复和保护的好奇，我们也专门拿出一个版面来介绍一件服饰文物的修复过程（图3-46），展示文物守护者对服饰文物的保护工作，让文物保护者从幕后走向前台，取得了良好的效果。

七、科技协奏曲

在现代社会，科技在展览中的运用，使展览的效果得到极大提升。"衣冠大成"也利用了很多科技手段，对古老的服饰进行全新的诠释。

（一）投影增魅力

投影技术不算新的科技，但是运用在展览中的效果是非常好的，而且技术成熟，不易发生故障。"补子"用不同图案来标识不同的品级、区别不同的官阶，是明代服饰中最具特色的现象，然而每一级官员究竟用哪种禽兽来表示，家喻户晓的七品芝麻官究竟用什么样的补子，其实观众并不十分清楚。专业的展览，就是要普及专业的知识，并采用各种手段将知识讲清讲透。我们采用简单的投影技术，达到了较好的展示效果（图3-47），以展板抠出衣服的轮廓，将补子图案投影到补子相应的位置上，并按品级的顺序进行图案的变换。优美的衣服剪影、灵动的飞禽走兽图案，吸引了观众驻足欣赏。

"画罗织扇总如云，细草如泥簇蝶裙"，观众心中的"梦中情裙"作为展示明代舒达闲适的便服展品，给予设计师诸多灵感，我们采用高科技扫描手段提取裙摆处绣得精美而细微的纹样（图3-48），将点缀在小桥流水、山石亭阁间的牡丹、石榴花、菊花、睡莲、荷花、蜀葵、牵牛花、梅花等花卉，运用 mapping 技术进行浮雕效果的投影呈现，又叠加动态投影，在其间添加自由翻飞的蝴蝶、翠鸟、燕子、鸾凤（图3-49），营造出鸟语花香的氛围，为这件观众钟爱的"梦中情裙"增添了无穷梦幻的魅力，也为便服这个单元区间营造了虚实结合、动静相宜的气氛。

纺织品修复流程

1. 测量纺织品文物尺寸

2. 对纺织品文物进行分析检测

5. 染色

6. 平整纺织品文物

9. 赤罗朝服修复前后整体对比图

图3-46　文物修复版面

3. 根据文物实际病害情况，绘制文物病害图

4. 为纺织品文物除尘

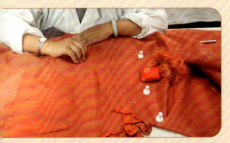

7. 针线法修复纺织品文物

8. 制作纺织品文物的支撑，减轻文物折痕

10. 纺织品文物修复前后局部对比图

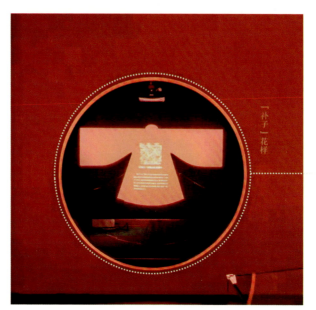

「补子」花样

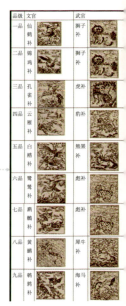

品级	文官		武官	
一品	仙鹤补		狮子补	
二品	锦鸡补		狮子补	
三品	孔雀补		虎补	
四品	云雁补		豹补	
五品	白鹇补		熊罴补	
六品	鹭鸶补		彪补	
七品	鸂鶒补		彪补	
八品	黄鹂补		犀牛补	
九品	鹌鹑补		海马补	

图3-47　官员补子图案投影（上）

图3-48　花鸟纹样提取（下）

图3-49 花鸟纹样动态投影

（二）数码拼全图

　　吉服部分的纹样，蟒、飞鱼、斗牛和麒麟等高等级纹样常常位于领围四周，由前胸、后背及左右两肩围绕领口共同形成柿蒂形。在这个装饰区域里，两个蟒或飞鱼等主体纹样交互盘错，一个头在胸前、尾在后背，另一个头在后背而尾在胸前，两个蟒或飞鱼等纹样采用一种类似太极图的排列组合方式，或旋转对称或相向对称，首尾相连，充溢着老友重逢、他乡遇故知的意味，故被形象地称为"喜相逢"，从而形成强烈的视觉冲击。比如山东博物馆藏香色麻飞鱼贴里肩部的飞鱼图案。正常展示时，由于文物和展柜限制，展览往往只能展示服装的正面，有些纹样不在正面，或者正面的纹样不全，观众难以看到这两个飞鱼纹样的姿态和全貌。策划时，我们决定对重点服饰的图案采用传统方法手工绘图，同时采用照相、拼图软件等科技手段对图案进行拼合（图3-50）。拼合后的图案不仅用于展览版面，而且一图多用，还用于文创、宣传的彩页和视频等。对于大红色四兽朝麒麟纹妆花纱女袍的图案和裁片也做了同样的拼图处理（图3-51）。

图3-50　明代服饰喜相逢图案拼合

图3-51　明代服装纹样拼合版面

图3-52　服饰穿戴过程演示

（三）动画现场景

　　服饰不只是用来欣赏的，更要实用。服饰文物在当年是如何穿的？配饰是怎么戴的？穿上出席什么样的场合？在这个场合大家如何站位和排列？这些是观众容易产生好奇的地方。如何进行介绍，最直观的莫过于动画演示了。展览中多处采用动画。采用《大明衣冠》Q版人物形象展示服饰穿着效果（图3-52）。我们用三维动画效果演示朝服的穿戴过程（图3-53），以元末明初陶宗仪《南村辍耕录》中所载《披秉歌诀》——"袜履中单黄带先，裙袍蔽膝绶绅连。方心曲领蓝腰带，玉佩丁当冠笏全"为指导，采用由内而外（穿中单—穿裳—穿衣—系大带—系革带—挂绶—两旁挂佩—前挂蔽膝）的顺序穿戴齐全。

穿戴整齐后,官员就可以出席盛大的朝会。《徐显卿宦迹图之皇极侍班》(图3-54)是现在已知的明代大朝会这一隆重礼仪之全景的唯一记录。以此图为蓝本,我们将官员出席朝会时的情景以动画形式展示给观众:大朝在皇极殿举行,除锦衣卫及侍卫将军外,各级官员均身着红色朝服。皇极殿门口锦衣卫将军侍立两边,其他侍卫将军分立于丹陛上下。鸿胪寺序班于丹陛中道,左右外赞、鸿胪寺鸣赞于丹陛及丹墀东西。丹墀东西有侍卫将军及卤簿;丹墀西上为勋臣,面东;丹墀内道东西有品级山,文东武西,按品级序列。远远看去整个场面:绛衣成阵,映如云霞,冠帻交辉,灿若繁星,蔚为壮观。尤其从序厅的时间长廊望过来,有大时代气势恢宏之感。

(四)万花筒影院

“衣冠大成”的明代服饰,由于都是孔府孔氏后裔所穿用的,保存又相对完好,所以藏品本身就是美的,但如何把这种美发挥到极致呢?

我们在展厅设置了一个“镜面影院”(图3-55),通过科技手段采用传统的纹样交互分割方法对纹样进行提取,将平面纹样进行三维立体化,剪辑成各种不同的组合形式,以变换出镜的方式在电子大屏上进行循环播放。为了加强效果,在屏幕四面加装镜子,利用镜面对称原理营造出万花筒般迷幻的效果,飞鱼、斗牛等传统纹样被充满张力的现代化视觉语言表达得如梦如幻、淋漓尽致。观众包括我们自己在这个镜面影院里都流连忘返,惊艳于绚烂的色彩与纹样,迷恋上中华传统服饰之美。

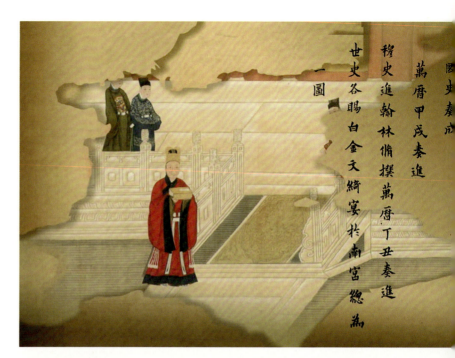

國史奏成

萬曆甲戌奏進

穆史進翰林俯撰萬曆丁丑奏進

世史各賜白金文綺宴於南宮總為

一圖

明代朝服采用
上衣下裳制。
上衣下裳制是
华夏民族最早
的服制，象征
天与地的上下
分野，隐喻阴
阳、尊卑、上
下相对的观
念，与《易》
乾坤两卦"乾尊
坤卑"相合。为
了表示尊重传

图3-53　朝服穿戴顺序动画演示

白纱中单

明代朝服采用
上衣下裳制。
上衣下裳制是
华夏民族最早
的服制，象征
天与地的上下
分野，隐喻阴
阳、尊卑、上
下相对的观
念，与《易》
乾坤两卦"乾尊
坤卑"相合。为
了表示尊重传

梁冠

明代朝服采用
上衣下裳制。
上衣下裳制是
华夏民族最早
的服制，象征
天与地的上下
分野，隐喻阴
阳、尊卑、上
下相对的观
念，与《易》
乾坤两卦"乾尊
坤卑"相合。为
了表示尊重传

Logo

图3-54　徐显卿宦迹图之皇极侍班

图3-55   万花筒镜面影院展品演示

（五）三维魔术墙

　　服饰文物只能放在橱柜里平铺着展示，其背面以及纹饰等细节都无法展示给观众，而且明代服饰这么宽大的服装，穿在人身上是什么样的效果？这些是观众感兴趣的。为了使观众得到更多的信息，我们采用多媒体技术对明代服饰文物进行三维立体魔术墙展示，观众可通过触摸屏自由放大或旋转观看细节（图3-56）。服饰三维立体展示并非易事，因为服饰织物是软的，它本身是平面的，而要呈现的是立体的效果。技术的关键在于分析古代服饰的版型、布料材质，进行版型重绘、材质参数设定，在采集到的文物高精度点云数据基础上进行建模，并将高清相机采集到的细节结构和颜色纹理映射到模型上，从而形成具有完整结构与颜色信息的三维模型，最终取得了良好的展示效果。传统服饰走出了展柜，观众在魔术墙前翻手缩放、覆手翻转，衣褶怎么缝的、扣子怎么钉的、花纹怎么织的、图案怎么绣的，将文物的里里外外、上上下下看得仔仔细细、清清楚楚。

图3-56　明代服饰三维立体魔术墙及观众体验

八、聚力齐奋进

从动意做明代服饰展到展览开幕有将近一年的时间，一年的准备时间对于一个临时展览来说也不算少，况且还有在服饰研究和服饰展方面多年的经验积累，但是如果想做一个非常好的展览，一年的时间也并不宽裕。突如其来的新冠疫情也给我们的工作带来了诸多不便和不确定性，耽误了很多宝贵的时间。

我们展览计划发出后，宣教部门进行了展前调查，调查摸清了观众的需求，为展览策划指明了方向。全国各地观众反馈过来的那种期盼的热情，一直激励着我们。山东博物馆官方微博开通了"明代服饰文化展"话题，在策划和开展后，随时关注和倾听观众的意见和建议。策展团队每天兴奋地做着各项幕后准备工作，这些工作有序地排列在施工进度表上，但实际操作时，遇到的各种问题远非进度表所能够事先预设到的，因此策展团队也并不是完全照进度表按部就班地进行。不过，办法总比问题多，最终我们出色地完成了任务，得到观众的认可，内心是无比喜悦和自豪的。

"衣冠大成"的展品分布于几家博物馆，要和各家博物馆谈文物借用和展览合作，协商一致后进行运输。孔子博物馆的几件服饰在杭州中国丝绸博物馆修复，我们奔赴千里将文物接回。文物展品在上展前要进行检测和维护，服饰的褶皱要尽量地慢慢展开。文物基本的尺寸等数据在以前的文物登记和普查中都有，但这些信息不能满足展览的需要。所以展览文物信息的提取也是一项比较重要的工作，包括：为制作仿品、为观众提供裁剪图、为制作展柜和展具而对服饰进行有目的的、更详细的测量，为图录和展览版面及宣传等进行超高清的拍照，为制作视频对文物进行摄像，为制作魔术墙、展板以及图录电子版、网上展馆对文物进行扫描并提取服饰纹样，以及文物布展，这些都需要文物保管员亲自操作，保管员忙得像陀螺一样，

图3-57　工作人员在布展

但一直保持着高度的工作热情和扎实的工作作风，保证了文物的安全和展览的顺利进行。

　　展览大纲就和一个电影的剧本一样，既要有演什么，又要有怎么演，包括演员的身段、动作、语言、道具、布景等方面，是个可以照本宣科的行为指南。它的编写、修改、论证和修定是策展工作的灵魂，明代服饰展大纲的编写进展很慢，它不是文字的堆砌、不是文物的罗列，而是对服饰文化的阐释，而且在主题和结构上要推陈出新，超出以往办过的两个服饰展。展览策划是一个"烧脑"的过程，也是学习和进步的过程。我们向文博界展陈专家学习、向服饰研究学者请教、与华服爱好者沟通……通过学习不断地调整和改善，展览大纲终于可以施行。

　　同步紧张而有序进行的是展览图录的编写和印刷、英文的翻译、文创产品的设计和开发，还有更重要的是展览的设计、展厅展出环境的检测和调控、展厅的基础施工和展品布展（图3-57）。展览从初步设计到深化设计乃至施工落地，历时约三个月。此次展览虽是临时展览的规格，但却是常设展览的标准，在如此短的时间内，如何保质按时完成，是设计和施工人员面对的一大挑战，需要通盘考虑、快速推进。从设计沟通、方案调整到展柜制作、灯光调试、现场布展等种种过程，设计团队、馆方、施工方、灯具供应商等多方合作与协调，对每一个环节都严格把关，确保达到最佳效果。比如为了更好地展示效果，对展厅中作为装饰使用的纱布都进行了二次选样，同时增加固定结构，每一块纱布在挂上去之前都进行了熨烫处理。

　　开幕式是展览的首次亮相，"衣冠大成"的开幕式场面相当大，负责开幕式的工作人员协调多方面关系，终获圆满。展览拉开帷幕，同时也开启了展览宣传推广和社教活动的序幕。

九、时空与业界

（一）大明大展区

　　策划一个展览，固然有一定的影响，一所博物馆同时有很多展览，如果能利用原有相关的展览同时再策划几个相关联的展览，给主展览配上副展览，它们共同形

图3-58　明　镶宝石金带扣（山东博物馆藏）

成合力，就会产生更大的影响力。为此，我们提出了"大明大展区"概念。

山东博物馆基本陈列中与明代服饰展有关的展览，首先是"大哉孔子文化展"。孔子创立的儒家学说以及在此基础上发展起来的儒家思想，对中华文明产生了深刻影响，是中国传统文化的重要组成部分。"衣冠大成"中的大多展品来自孔子后裔，不仅深刻反映了儒家思想，而且与儒家思想一起共同反映了中华民族的精神追求。值得一提的是：孔子展所有展板文字非印刷制作，而是书法家毛笔书写，书法与服饰同为中华优秀传统文化，将"衣冠大成"的展厅安排在孔子展厅边，是非常合适的。

"衣冠大成"展厅另一侧的邻居是基本陈列"鲁王之宝——明朱檀墓出土文物精品展"，展览陈列有明代早期藩王朱檀的服饰，如九旒冕、皮弁、乌纱折上巾、玉带、镶宝石金带扣（图3-58）、黄色四团金龙纹织金缎袍等，与"衣冠大成"展出的明代服饰互为补充，共同组成明代服饰的全貌。尤其是鲁王展中还有明代的家具及家具模型，包括戗金云龙纹朱漆木箱、衣架、巾架、屏风等，对于理解明代服饰的穿着环境以及收纳方式，具有非常重要的作用。

图3-59　三个临时展览海报

　　同时，在"衣冠大成"展出期间，我们为"衣冠大成"策划了三个配套的临时展览："妙染寻幽——山东省古代绘画精品展""书斋雅韵——馆藏明代绘画精品展"和"山静日长——明代文人风雅录"（图3-59）。"妙染寻幽"和"书斋雅韵"两个精品书画展为"衣冠大成"营造了妙染寻幽的山林之景和明代的书斋环境，其中的展品明代"夏厚摹机织图卷""丝纶图"均为与明代服饰相关的文物，反映了明代丝织的场面，"张杏羽孝友图册""陈洪绶仕女图卷"等，亦为明代服饰的鲜活图证。有这些配套的展览后，观众可以开辟出很多打卡点。他们身着明代服饰，在大明山水间寻幽、在大明书斋内流连，尤其是"山静日长——明代文人风雅录"更与明代服饰文化相契合。明代是一个丰富多彩的时代，文人们既热衷山林，又以追求个人生活情趣为尚。抚琴对弈、泼墨挥毫、啜茗清谈、诗酒相欢、赏花品香……诸般"闲事"，构成了明代文人的生活日常。看似文人聊以自娱的"闲事",恰是文化传承出新不可或缺的土壤。"山静日长——明代文人风雅录"展览依托馆藏书画、瓷器、文房杂项等 40 余件明代艺术品,勾勒出明代文人雅致的生活状态,借助"琴、棋、书、画、茶、酒、花、香"等场景的展示和互动,呈现明代文人闲雅的生活方式,在风雅间彰显中华文化简达、清高、旷远的审美品格。观众穿着明代服饰,放慢脚步,有琴曲可听,有弈棋可观,有书画可赏,有香茗可品,有幽香可闻,兴之所至,亦可抚琴一曲,对弈一局,插花一瓶,在观展中,体会山静日长的慢生活,做一回明代文人生活的"体验官"。

(二)连古今未来

"衣冠大成"策展的理念是守正创新,借古韵做新展;我们的目的是把传统工艺、科技、文化价值挖掘出来,让大家知来处、明去处,吸取古代文物的精华从而为现代服务。

明代服饰本身的发展也是历史传承和开拓创新并重而形成的。明代朱元璋登基后,恢复"汉官之威信",排斥胡服,恢复传统,但是,明代的服饰也并非完全摒弃了元代的所有样式,而是在融合汉代、唐代、宋代以及元代等前朝服饰形制和文化的基础上,结合时代需要而形成的样式。比如,元朝辫线袍这种样式,在元代中原地区流行演变为贴里。到了明朝,虽下令革除胡服、返祖汉制,但是贴里这种款式因其实用性被保留了下来直到明末,而且在明代,贴里不仅只是套在圆领袍里穿,而是逐渐地穿到了衣服外面,比如展览中的香色麻飞鱼服。同样,清初虽然实行"剃发易服",全面推行满服,但也没有将明代的服饰元素完全舍弃掉,比如官员的补子,清朝也一直在沿用;比如明代女

图3-60 展中展

子的马面裙，到了清代其样式日益流行、纹饰更趋繁复。就这样，中国古代的服饰，一直是在继承和借鉴的过程中多元地发展和前进着的。

这与今天我们身处的服饰创新环境何其相似。当今服饰，不仅要考虑诸多传统的元素，又面临更多全新理念的冲击。为此，我们策划古代服饰表演的盛大开幕式，就是为了站在当下回望明代服饰，进行相隔600年两个时空的对话，为今天的中国服饰创新碰撞出新的机会。我们计划进行明代服饰的仿制以及创新设计，以前合作过的公司主动前来联系，但经过斟酌，我们担心其跳不出以前展览的框架重复过去的思路，而予以放弃。其间，也有现代服装企业有意承接，但是与我们的理念不一致，或其组织能力稍有不足，而没有选用。经过认真甄选，最终选定北京服装学院古代服饰研究者楚艳团队仿制香色芝麻纱过肩蟒女长衫、白色暗花纱绣花鸟纹裙、蓝色暗花纱道袍三件明代服饰，并提取明代服饰的元素创新设计具有国潮风的现代服饰，从而形成了"展中展"（图3-60）。我们希望，通过中国服装设计师对传统服饰的借鉴、转化和创新而"明去处"，为未来中国服饰的走向探索出更多的可能。

图3-61 明 白色暗花纱绣花鸟纹裙及裙摆（山东博物馆藏）

图3-62　明　白色暗花纱绣花鸟纹裙面料（山东博物馆藏）

（三）寻找"白月光"

　　展品白色暗花纱绣花鸟纹裙（图3-61），因其淡雅清新的风格在华服爱好者中具有极高的知名度，尤其受女生热爱，是每个大明少女粉丝的"梦中情裙"，被网友称作"我的白月光"。穿上"白月光"，在裙摆上灵动花鸟的衬托下，女孩好似花中仙子。

　　目前的华服市场上有很多花鸟裙的仿版，但从面料到色彩到纹样再到款式，都与花鸟裙文物相去甚远，所以当得知我们将举办"衣冠大成"时，汉服爱好者就强烈呼吁官方推出花鸟裙。所以在展览策划之初，即计划对花鸟裙进行复仿。首先，因为花鸟裙文物平铺摆放，很多细节无法展示，特别是衣服穿起来的效果无法表现，所以我们考虑高仿一件花鸟裙用于立体展示。其次，计划推出文创花鸟裙以满足观众穿着的需要。

　　花鸟裙文物的面料为生丝，底纹为折枝梅暗花（图3-62）。纱在古代是贵族的象征，是华贵高洁的代表，它的织造方式极其繁复考究，从挑丝、泡丝、捻丝、绘版，到上机织造等，有近30道工序。策展团队专程去历史上著名的丝绸产地山东淄博周村考察，寻找丝绸厂家来进行生产，但是因织机与折枝梅花纹以及丝绸的幅宽不匹配，所以最终没有成功。后来文创产品所使用的面料只得从外地定制，最终实际采用的面料和文物相比较，硬度偏软一些，光泽度略强一些，缺少花鸟裙原版质地的挺括和色调的柔和，但丝织业古法不存，这样的面料亦是无奈的选择。

花鸟裙的样式为马面裙，裙子的款式和尺寸好采集，其上图案采用传统鲁绣工艺绣成。山东博物馆鲁绣研究中心已设立10余年，一直致力于鲁绣的研究和传承，所以复仿花鸟裙的任务交给了鲁绣研究中心的工艺师们。文物的图案很美，但图案的提取就非常麻烦。因为有些图案是暗藏在裙襕里的，裙子品相不好，不易翻动，于是我们对文物采用高倍照相机进行了图像采集，鲁绣的老师们对文物进行了认真观察，对绣制图案进行了仔细的临摹，并结合文物照片绘出了花鸟裙的绣花底稿。

鲁绣为山东地区代表性刺绣品种，所使用的绣线是双合股不破劈的衣线，其特点是用线粗、针脚长，丝理疏朗，坚固耐用，具有质朴清新的独特气质。近几十年来，由于鲁绣向苏绣等南方绣种学习，线劈得越来越细，已经远离了鲁绣的面貌，包括鲁绣所用的粗的不加捻的丝质衣线也难以买到，几近绝迹。鲁绣研究中心的老师们经过研究发现，这种衣线所采用的为山东特有的柞蚕丝，因为这种蚕生长周期长，蚕丝比较硬，所以不劈线也同样结实还耐用。鲁绣研究中心的老师寻觅了很多厂家才定制出这种合适的丝线，又自己动手采用天然的染料进行染色，适用的鲁绣衣线终于出炉。花鸟裙的刺绣非常精细，鲁绣工艺师在绣制过程中共使用了50种颜色的绣线，10余种不同的针法，用时33天绣制完成出一件仿品。仿制出的花鸟裙几可乱真，在展品边以模特进行立体展示，起到了良好的展出效果。后来，绣花师傅们又开始了文创花鸟裙产品的生产。

图3-63　文创花鸟扇

鉴于大家对花鸟裙的热爱，文创人员积极拓展创作思路，展开多维化设计，把裙摆上花鸟图案的元素用于扇子、雨伞、手机壳、口罩等多种产品上（图3-63），为观众提供了多种消费选择。

寻访和仿制花鸟裙的整个过程，我们一直在官方微博上进行报道，备受华服爱好者的关注，为展览的开放和文创产品的销售积累了相当高的热度。

（四）破圈并跨界

为进一步开拓思路，山东博物馆举办了"守正创新：传统服饰展览的保护与展示"研讨会，会议邀请博物馆界展览策划和古代服饰研究者，大家对"衣冠大成"等服饰类展览进行了探讨。通过讨论，我们的思路更为明晰：一个有影响力的展览，只在业界传播是远远不够的，要争取让"衣冠大成"实现出圈和跨界。

为此，我们策划了一系列的讲座和活动：2019 年 11 月 17 日邀请《Q 版大明衣冠图志》的作者——明代服饰研究学者董进做孔府旧藏明代服饰的讲座。2020 年 9 月 26 日邀请北京服装学院博士生陈诗宇做"明人衣服上的四时与节庆"的讲座，分享服饰与节气的知识，带大家细数明代人到底需要准备多少种服装来度过一年的四时八节。2020 年 10 月 17 日邀请中国丝绸博物馆赵丰馆长做"承前启后：朱檀墓出土龙袍在中国服装史上的地位"的讲座，帮助观众更深入地了解明代服饰文化，构建更全面的大明衣冠服制的知识框架。

为配合展览，宣教部设计了制作迷你服装和为衣服形制图卡纸涂色的课程，深受小朋友的欢迎。"我是国宝手绘人"一直是山东博物馆微博的品牌活动（图3-64），以手绘的方式来表现山东博物馆展览中的文物。"衣冠大成"展出期间，活动手绘的对象即为明代服饰，参与者非常踊跃，创作出了不少精品。另外，展出期间，我们特别开通打卡"我和明朝的约会"（图3-65）和打卡"衣冠大成"微博投稿活动，受到观众热捧，参与者可有机会获得丰厚的奖品——展览的图录。

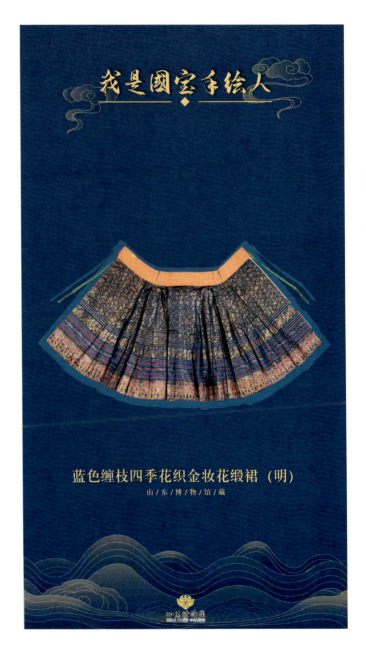

图3-64　"我是国宝手绘人"活动海报

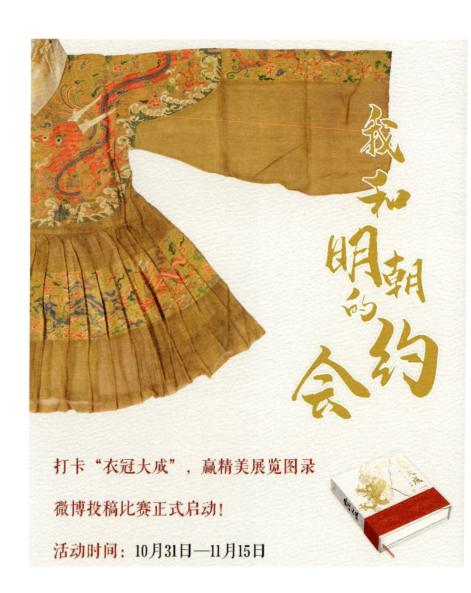

图3-65　"我和明朝的约会"活动海报

凡是观众，都可发图证明已来"衣冠大成"参观。有才的观众不仅打卡"衣冠大成"，而且穿着明制服装在山东博物馆里找到很多新的打卡点。这些美图发到微博上，形成了又一波强有力的宣传态势。

冬至这天日照时间最短，从冬至开始阳气逐渐上升，所以古人非常重视冬至这个节气。我们选择冬至日举办美学沙龙活动，众位文化界大咖在山东博物馆汇聚一堂，听琴、品茗、闻香，一起探讨东方美学生活方式。慎终追远、固本思源，"亚岁纳千祥，华锦庆嘉时——'衣冠大成'冬至日美学沙龙"是对展览的延伸，是向中国传统文化的致敬。

仅在馆内活动是不够的。我们将"衣冠大成"文物的数字化信息在济南国际机场的大屏上播放，向八方来客展示最美的齐鲁风范，以扩大"衣冠大成"在不同地域的影响力。2020年12月28日，山东博物馆联合其他单位在深圳举办了"锦衣王朝——穿越大明风华历史文化艺术展"，以实物展品为依托，主要借助多媒体沉浸体验、数字科技互动等方式，在营造高雅、丰富的明代社会生活和文化氛围的基础上，充分展示明代服饰文化的精美、华丽。此举旨在拓展"衣冠大成"在沿海城市的影响力，探索传统慢生活方式与当代快节奏生活方式的结合点。

我们还举办了明代服饰跨界时装秀，让传统服饰登上T台。穿越古今的服装秀让中华传统之美活态流淌、时尚新潮……"衣、食、住、行"乃人生四大事，"衣冠大成"已满足"衣"这一头等大事，接下来的"食"也是必不可少的。"丰衣足食"谓之美好生活，我们与商业综合体合作打造的明代服饰主题餐厅（图3-66），将饮食文化与服饰文化有机结合，拓展了"衣冠大成"在不同领域的影响力。

为了让"衣冠大成"所带来的明代服饰文化的社会影响力持续下去，2021年农历的三月三，在美丽的泉城，山东博物馆倡导发起并成功举办了第一届山东华服日，华服盛装活动让"衣冠华夏、国潮东方"的魅力持续传播下去。

图3-66　明代服饰主题餐厅

十、雪泥留鸿爪

（一）收藏级图录

一本好的图录是一个重量级展览的标配。展览期间，图录是展览的说明和补充；展览结束，图录成为展览的再现和延伸。山东博物馆2012年举办"斯文在兹——孔府旧藏明代服饰特展"时编印了一本图录，当时编写得比较简单，但是销量特别好，可见社会上对服饰图录的渴求。2013年的"大羽华裳——明清服饰特展"图录也颇受欢迎，所以在2018年9月决定做"衣冠大成"时，我们就决定要编写一本经得起时间考验的展览图录，让没看过展览的读者能细致观察，让参观过的观众能照图索忆。为此，我们把"衣冠大成"图录列到了与展览不相上下的同等重要的地位，同时确定了图录的内容和体例，在展览大纲还未撰写时就已着手准备展览图录。

在文物选择方面，图录所选文物不限于展品，有些出于残损或其他原因不能上展的文物，也将其收入图录中，最大限度地给读者提供更多的文物标本和文物信息。

文物图片质量是决定一本图录成败的关键。服饰等文物不仅要有整体图，还要有织物结构等细节图，为此，山东博物馆配备了高端的摄影设备，采用1.5亿像素中画幅相机进行拍摄。拍摄的过程也颇为辛苦，因为尺幅过大，服饰文物平铺在3米×2米的斜面台上，如果要拍全景，将服装全部收纳到镜头里，照相机需要离开文物至少三米的距离。为了达到需要的高度，我们选择了一个层高六米的小展厅，借用了馆里物业部的升降机，摄影师站到升降机上进行高空作业，共拍摄超高清图片200余张（图3-67），包括全景照和细节图。照片放大数倍后依然清楚，服饰的一丝一缕都清晰可见，百分之百地呈现了明代服饰色彩之绚、质地之精、纹饰之雅，并完美表现了辅助展品配饰之形、画卷之景。

图3-67 山东博物馆摄影师在拍摄服饰

精美的绘图，也是展览图录的一个特色。绘图有的是对文物进行手工绘图并经电脑后期制作而成，有的是采用科技手段直接用电脑绘制的图案，这些绘图耗费了我们相当大的精力。除此之外，还有关于服饰制作工艺的重点服饰的形制图、详细的尺寸图以及裁剪图，这些图有的不能只通过测量文物本身尺寸就能绘制出来，还要从专门的服装制作角度进行专业绘图。图录最终合计有 39 幅线稿、彩绘稿。将对古代服饰制作工艺和织造技术的研究方法借鉴并引入传统文化研究之中，这是以往学界比较忽视的，极具社会实用价值和创新意义。

图录后的附表具有较高的学术价值。"明代年表"有利于读者对明代这个朝代有个总的概念。"明代衍圣公及夫人世系表"可以让读者对孔府服饰与衍圣公及夫人进行对照理解。"大明会典""大明集礼""明史·舆服志"中有关明代服饰的文献资料，是我们图录编写人员辑录的，是传统文献中有关服饰的官方记录。"明代墓葬出土服饰相关文物汇总表"则全面梳理了明代服饰相关出土实物，将传世服饰、传统文献与出土实物进行三位一体对比研究。这个表格是我们工作人员在查阅大量文物发掘报告的基础上，费时四个多月做成的。事实证明这个表格很有意义，因为传世的明代服饰只有我们展览中的孔府服饰，此表将出土的明代服饰进行了汇总，图录的传世明代服饰照片加出土服饰汇总表，相当于将明代所有服饰全部罗列，对于很多读者尤其是研究者来说具有重要的参考价值。

图录中的文字也经多次推敲。图录比展览版面有更大的容量，图录中的文字比展览说明更加详细，文物数据信息更多，文物图版说明达三万余字，又增加了有关博物馆藏明代服饰综述、丝绸面料、服装款式、纹样等基础知识的文章。图录文字总量达到 10 余万字，附中英双语索引，极大扩充了展览的空间，便利了观众和读者对明代服饰的深入理解。

为进一步加大展览和图录的宣传力度，我们在图录中设计了二维码，读者通过手机扫描，即可获得文物的高清三维立体图片和信息。这种方式不仅让文物变得更加立体，还拓宽了传统图书的展示内容，增加了传统图书的信息量和收藏价值。

　　展览图录的装帧设计也花了我们很大心思（图3-68）：因为服饰的身长和袖长几乎相当，为了更好地展示服装细节，图录采用长宽比例适合的方开本；设计双封面形式，精装外封面为异形的云肩对开设计，既新颖又具有仪式感；封面采用山东博物馆藏香色麻飞鱼贴里中的"喜相逢"纹样，寓意吉祥；腰封参考明代朱载堉《乐律全书》设计为明代裁衣尺，美观实用；为更好地还原服饰原有的色彩，内页选用优质细腻的纸张，手感柔滑，质感十足，采用油墨彩色印刷和印金工艺。有的观众提出，他们希望对图录上的每一张照片进行扫描，基于这个需求，图录的装订设计成裸背精装，页面可以完全平展。图录整体风格精美、华贵，成为收藏级图录。

　　一年的时间完成图录的编写和印刷，有些编写人员还同时承担着展览大纲的编写和展品的挑选与维护工作，而且又遇到始料不及的新冠疫情，诸事不易，编写人员的压力很大。编写组在广泛搜集前人文献资料和考古发掘资料的基础上确定了初稿后，奔赴上海、北京等印刷公司了解纸张、装帧、价格等因素，启动招标程序，确定出版社，亲身经历了文字撰稿、图稿绘制、照片拍摄、文章统稿、内容编辑、审校、装帧设计、排版印刷等各个环节，克服了新冠疫情期间的各种不确定性，加班奋战数十个日日夜夜，最后10余天，撰稿人员同陈列部设计人员以及文物摄影师一起，在印刷厂盯着调色和排版，终将这部10万余字的图录顺利地赶在展览开幕之前制成，其中的艰难只有亲历者才知。当我们看到观众抢购图录、当我们听到读者对图录的好评和热捧时，内心的欣慰、愉悦和自豪无以言表。

图3-68　展览图录

图3-69　线上虚拟展厅

（二）数字化展馆

　　因为服饰类文物展期较短，我们考虑打造永不落幕的展馆，将"衣冠大成"在网上永久展示，不仅将展览和展厅的真实原貌呈现给观众，而且力求高清展示，让观众看到在展厅隔着玻璃难以看清的服饰局部以及放大的细节图。为了达到这一效果，"衣冠大成"网上展馆采用世界一流的 360 度全景采集设备，使用独特的细节捕捉和 HDR 技术，通过标准、严格的图像处理，实现展览和展厅的全景扫描及展示（图3-69）。数字化虚拟展厅摒弃了传统数字化展厅使用的简单的图像拼凑方式，通过红外测距和高保真 3D 相机采集还原展厅数据，采用高度人工智能化的 SFM（structure from motion，运动恢复结构）视觉算法进行计算机建模，在二维图像群中提取、分析相机的运动路径，计算出展厅的精确三维结构，从而实现展厅视觉模型上的高度还原重构。最终，虚拟展厅的图像分辨率达到极高清的 12K，观赏视角可达 720 度，使观众获得高度真实的空间感和细腻的视觉层次，弥补了传统数字化展厅空间感差、视角单一、成像技术不足和图像分辨率低等缺陷。

　　相对于"衣冠大成"的实体展，"衣冠大成"的虚拟展厅最大的优点在于它可以无限地容纳展览信息，实体展上没有展开介绍的展品信息和延伸的知识点，都化作文物数字资源整合在虚拟展厅里，包括文物的高清图像、文字释义、语音讲解和三维数据模型。观众可手动操作高精度三维模型虚拟复原的形象，观赏服饰文物穿戴的效果。虚拟展厅还汇集了丰富的视频素材内容，包括《徐显卿宦迹图之皇极侍班》中大朝会的场景三维动画以及朝服穿戴动画，高清提炼的明代服饰纹饰赏析视频。

　　"衣冠大成"数字展馆，在导航功能上还搭载了配有人工语音讲解的智能导航模式和展厅三维俯视地图，可以随心所欲切换展览方位，使观众获得更清晰的定位和更好的在线浏览体验。通过多级放大全景，可查看展览及展厅的细节。采用 HTML5 标准，无须下载插件，只需浏览器支持，即可在网页及移动端进行展示，真正打破了时空的界限，实现了随时随地浏览。漫游于虚拟展厅中，服饰高清图像、服饰的虚拟穿戴效果、服饰文化知识，这些信息可谓信手拈来。虚拟展厅上线的微博帖子在发布后的第一周被转发 4666 次，有 4941 个点赞，足见受观众欢迎的程度。在"衣冠大成"展出期间，网上展馆的浏览量非常大，展览过后，虚拟展厅更是火爆，一直保持着超高的人气和热度。

衣冠大成

An Agglomeration of
Hats and Clothes

观 展

同袍云集

"衣冠大成——明代服饰文化展"成为 2020 年中国文博界一个极具特色的展览，一个为华服界津津乐道的展览。这一切源自"以观众为本"的策展目的，而观众也回报以热情。

一、观者如潮涌

2019 年 9 月我们在策划"衣冠大成"之初，计划展览于 2020 年开展。当展览的消息传播开，对于展览开幕的具体时间，观众有很多不同的建议，有的迫不及待，希望马上开展；很多在校生提出最好安排在暑假，以便他们有时间前来观展；因为华服围裹比较严，华服爱好者则建议展览放在天气凉快点儿的时间，以方便他们穿着华服看展。不过，有一点大家的意见非常一致，那就是都希望展出的时间能长一些。

虽然我们做了各项文物预防性保护的措施，但为了慎重起见，2020 年初我们将"衣冠大成"展出的时间确定为三个月，开展时间初步定在 2020 年 5 月

图4-1　观众在拍照区留影

18 日"国际博物馆日"。后来由于新冠疫情的影响，展览被迫推迟到 2020 年 9 月
29 日开展。

　　一个展览，最终是要呈现给观众，观众是最终的检验者，在展览策划中所做的
一切都是为了让观众收获最好的观展体验。展览开放后，观众量以及观众评价是反
映展览策划水平最直观的镜子。"衣冠大成"开幕之日，古装爱好者云集，开幕式
采用古代服装秀的方式，场地就在山东博物馆大玉璧穹顶之下、泰山石大台阶之上，
不仅场面宏大，而且将明代在整个古代服饰史上的地位向观众予以直观展示。一楼
大厅开幕式走秀活动正在热闹地进行着，观者如潮；二楼"衣冠大成"展厅的门外
已自发排起了长达 200 多米的队伍，大家希望先睹为快，"衣冠大成"实现了开
门红。

　　"衣冠大成"开幕的消息在互联网上被观众疯狂转发，展览开放第一周，微博
帖子的阅读数最高达到 296.34 万次，评论 1119 次，点赞 4545 次。展览开启火爆
模式。"衣冠大成"的观众多是回头客，很多观众来参观了数次（图 4-1）。观众自

发宣传，官媒主动介绍，尤其是网络的大力宣传，使得微博话题"明代服饰文化展"引发了各界广泛的参与和讨论，展览期间微博话题阅读总量超过 2000 万次，热议度达到 1.2 万讨论人次。展览开幕当月，在由中国文物交流中心指导、博物馆头条和文博头条统计发布的"中博热搜榜"全国十大热门展览排名中，"衣冠大成——明代服饰文化展"名列其中。这样，形成了"衣冠大成"传播热潮和观众参观热潮。

明代服饰爱好者最大的一个群体是大学生，因为新冠疫情，很多学校采取封校的措施，外地的大学生无法来山东参观，心急的爱好者们在微博和官网上恳切留言，希望馆方能考虑他们的实际情况，延长展期。展览开放后，文保部门一直对展出环境进行实时监控，在确定展出环境安全、文物状况稳定的情况下，我们决定将展览时间延长到 2021 年 2 月 28 日。延长展期的消息一经宣布，华服爱好者一片欢腾，博物馆和观众愉快地达成了一致意见。即便延长至 2021 年 2 月 28 日，仍有一些学生因疫情管控没能来参观。展览结束后，我们还曾接到 12345 政府热线转来的外地学生的电话，要求"衣冠大成"继续延期。

二、挥袖越经年

"衣冠大成"的观众，不仅仅是观众，他们很多志愿做文物活化的模特，穿着明代服饰而来，成为展厅里一道流动的、亮丽的风景线。华服爱好者既从展览上了解了许多明代服饰知识，又担当模特，向观众展示平铺在橱柜里的文物穿在身上的效果，以及几种不同款式的明制衣服如何搭配；有的还担当讲解员，向周围的观众传播相关知识。"知来处、明去处"，传统服饰在新时代的新表现是展览的一个内容，观众则最好地诠释了这一内容。观众做模特，把展品活化，真正做到了让文物活起来。展览中有几款备受观众模特青睐的明代服饰：

一是香色麻飞鱼贴里。锦衣卫的官员身着飞鱼、麒麟等服装的形象，由于文学作品和影视剧的演绎而广为人知，声名大震，正是大家看多了"身穿飞鱼服手拿绣春刀"的锦衣卫，才把飞鱼服与锦衣卫画等号。但其实飞鱼服不是锦衣卫的专属制服，锦衣卫也并不是每天都穿飞鱼服。"衣冠大成"的成果之一也在于纠正了以往"飞鱼服等同于锦衣卫"的错误认识，向大众普及了一个知识：除了锦衣卫可以穿着飞鱼服外，皇帝还可以把飞鱼服赏赐给官员，山东博物馆藏香色麻飞鱼贴里就是皇帝专门赏赐给衍圣公的。很多年轻的男性观众喜欢飞鱼服华美的图案和穿上后威风凛凛的形象。山东博物馆藏香色麻飞鱼贴里是现存唯一的男式传世飞鱼服，为飞鱼服的标本，因此，社会上所有的男式飞鱼服都是仿这件文物的。"衣冠大成"开展期间，许多身着飞鱼服的观众特意赶来参拜正宗的飞鱼服。有一个观众特意从北京赶来，从早上展厅开展待到下午闭馆，几乎一直在香色麻飞鱼贴里真品前仔细观察，流连忘返（图4-2）。

二是蓝色暗花纱道袍和绿色暗花纱直身袍。道袍的形制通常为直领、大襟、右衽、大袖、收口、衣身左右开裾。直身是另一款士人常穿的长袍。直身和道袍区分的标志是摆，道袍的大、小襟两侧各接内摆，而直身则是外接双摆。直身和道袍的区别，展板上虽有图示，但不如穿同款服装的观众以身演示更为清楚（图4-3）。

三是白色暗花纱绣花鸟纹裙。这是最火爆的款式，被观众称为"梦中情裙"和"我的白月光"。来"衣冠大成"参观的女性朋友很多是为花鸟裙而来，她们把自己的花鸟裙穿来，大家会比较一下，谁穿的花鸟裙和文物原版最为接近（图4-4）。与花鸟裙相搭配的上衣常常是月白色暗花纱比甲（图4-5）也是仿"衣冠大成"的展品。此比甲无袖、对襟、红色镶边，简洁明快的风格赢得很多文艺范儿女孩子的青

图4-2　穿飞鱼服的观众在飞鱼服展品前（左）
图4-3　穿道袍的观众（右）

　　睐。另外，香色芝麻纱绣过肩蟒女长衫以精美的纹饰和华贵的刺绣而著称，不惜重金拥有这款服饰的女士被网友戏称为"大明富婆"，这件展品自然成为爱好者们朝拜的对象。大红色四兽朝麒麟纹妆花纱女袍，因其图案吉祥、装饰华美、妆花纱工艺精湛，而且能作为婚礼等喜庆场合的穿着而备受观众喜爱。古人画像时常穿着这种吉服，"衣冠大成"展厅里穿着同款吉服的观众伫立在明人画像展品前（图4-6），凝望着600年前的古人，有时空穿越的感觉。

图4-4 穿花鸟裙的观众（左）

图4-5 穿比甲的观众（右上）

图4-6 伫立在画像前穿着同款服饰的观众（右下）

三、迢迢观几度

官方主流媒体对"衣冠大成"进行了广泛的宣传和报道，包括中央电视台和《光明日报》等权威新闻机构，以及其他线上和线下的宣传平台，都对展览予以大篇幅的报道。山东博物馆自媒体——官网、微信和微博等，更是不遗余力地进行宣传。但是，"衣冠大成"的宣传，不只是山东博物馆主动在做，更多的是观众在自发地进行传播。

"衣冠大成"的很多观众是来欣赏的，也有许多观众是来学习的，不管是哪个类型的观众，都为明代服饰之美所折服。展览的观众回头率特别高，有的观众看过一两次展览，有的多达四五次，据我们了解，"刷展"次数最多的超过六次，观众尤其是华服爱好者觉得服饰美不胜收，展览百看不厌。原本不认识的古装爱好者，从网上相约一起到山东博物馆，同穿明制服装，共赏展览，因此"衣冠大成"成为华服爱好者交游的话题和平台。

现在的观众都喜欢在观展时顺便带一些文创产品回去。我们从款式结构、工艺技术、色彩纹饰等角度挖掘明代服饰的风采与魅力，并基于此研发了许多文创产品，包括 IP 形象以及主题纪念品，涵盖潮玩手办、服饰首饰、学习文具、家居用品等不同领域。在展览出口设置了以纺织机为雏形设计的文创集市（图4-7），让展览传达的文化魅力得以在生活中延续。以文创产品关联观众的日常生活经验，缩短观众与古代服饰之间的距离。

许多观众特意从外地赶来观展，据我们了解，相当多的观众从广东、四川、广西、黑龙江等离济南比较远的省区市赶来看展，看过展览后顺便游览济南这个城市，为济南带来了新的旅游经济增长点，这也是文化和旅游融合的一个新的范例。

图4-7　文创集市

四、看官明心迹

参观完"衣冠大成",观众将观展体验发朋友圈、微博、抖音等,形成了强大的、真实的声音;有的观众简单地发布其在山东博物馆打卡点拍的美图;有的对展陈设计方式进行评论;有的对展出的文物进行研究;等等。观众的评价,是策展团队宝贵的财富,我们视为珍宝。

图4-8　明代服饰传统文化课

　　师生是参观"衣冠大成"的主力军，包括小学生、中学生和大学生，有的自发而来，有的在老师带领下参观，无论是老师或是学生，不管是独行还是结伴，在展览中都受益匪浅。有的在参展前进行预习，有的则直接将课堂开到展厅里，以文化人的教育作用在"衣冠大成"中尤其突出。

　　这不仅是"我与明朝的约会"，还是"我的孩子们与明朝的约会"。为了让孩子们最大限度看懂"衣冠大成"，语文教学之余、组织看展之前，我为娃娃们上了两次明代华服的传统文化课，一堂为明代华服欣赏，一堂为专门的"衣冠大成"展品欣赏（图4-8）。现在我这批小学二年级的娃，能区分朝服、公服、常服的穿着场合，可以从梁冠和补子分辨穿着者的身份、官职，可以准确地区分"曳撒"和"贴里"，也知道辨别蟒、飞鱼、斗牛、麒麟的窍门，还能指出衣服上的"柿蒂"、袖襕、膝襕……

（微博名：橙色周小猫）

　　此行的目的地是山东博物馆，观看"衣冠大成"是"文言文中的文化史"的校外实践课。在这里，老师带领30余名同学，在明代服饰中穿越，感受着古代礼仪的端庄仪态与宏美气度，享受着一场震撼人心的视觉盛宴。不同单元色彩的设计，巧妙契合着不同服饰的穿着场合。侧耳倾听，仿佛听到玉佩"玎玎"的碰撞声；凝眸注视，仿佛看见身着公服的官员缓缓走来；思接千载，脚步似乎与几百年前的古人相重合。内心除了激动，还有敬畏与自豪。

　　通过参观，同学们感受到了中华传统文化的博大精深。展览中一些新媒体技术的应用，营造出沉浸式体验的氛围，缩短了与明代服饰的距离，也使我们感受到传统服饰的现代魅力。走出学校，拓宽视野。近距离的视觉呈现，拉近了时代距离，拓展了同学们的想象空间。透过服饰，所见的是古人流露出的"中国自信"，是制衣者永远的"中国匠心"，是大明王朝独特的"中国气派"，这极大激发了同学们的民族自豪感。衣不在衣而在意，纹不在纹而在文。中华民族传统服饰凝聚了华夏衣冠载道、尊孔崇儒、彰显礼乐的文化内涵，承载着几千年延绵不断的中华文明，是古人留给我们最宝贵的精神财富。

（山东省实验中学学生党舒馨）

　　不知自何时起，开学前总要去趟山东博物馆，或等到学期圆满、寒暑假初，再回一趟省博。十几年来，省博携同其展出的齐鲁文化，像蔽体之衣、浮夏长裙、穷冬夹袄一样，成为不能割舍的精神锦裘。

　　8月末，我被早已立在大厅的明朝服饰展宣传牌吸引，后因学业原因错过陈诗宇老师的博学汇活动，非常可惜。好在 10 月 2 日，躬逢这场期待已久的视觉、精神双享盛宴。

本次展览陈列别致开眼，帘旌的絮絮低语混着灯光娓娓道来，浅诉轻喃出霞红色的至真幻境。素纱袍、缎玉带、忠静冠、云头履……她们很美，带着中国传统特有的因子，刻进华夏儿女的基因。身边有穿华服的女孩子与她们隔着历史遇见，唇角含笑。那一刻，我笃信这样好的中华服饰文化有人爱、有人传承，带着中国风度和中国气派，势必发扬光大。

那天的山东博物馆和往日都不一样，有许多身着汉家霓裳的中华儿女，罗衣何飘飘，轻裾随风还。钢化玻璃上映着衣袂翩翩的影，有一瞬的恍惚，我想，或许人真的有前世，在某生、某世、某年、某时，我们真的穿过展柜里的衣裙，踏过应天的官家府邸，走遍北平的街市深巷。服饰向来是很平常的必需品，平常得让人时常忘记它们的意义，同时又承载着不同时代的物华风貌，每每凝神观之，我心颤颤——灵魂被承袭千百年的华夏衣冠温柔地亲吻了（图 4-9）。

罗绮锦缎中，我窥一目大明芳华，想洪武帝金戈铁马、戎马十五载安定大好山河，到崇祯帝透过十二垂旒俯瞰的枯槁岁月，直身袍与马面裙，像宣德炉跟青花瓷，无一不是大明风华。究天人之际，通古今之变，历史从来都是一门能够让人更好生活的学问，我们在山河破碎中汲取尘埃散落的碎布，缝补河清海晏、时和岁丰的盛世蓝图。我与明朝的约会、与省的约会、与历史的约会，只有相逢意气，没有灞柳长亭。

诚然，在历史面前，我们都太年轻，只有上下五千年。我何其幸运，探求历史的热忱之心能够在山东博物馆落得一隅抒怀。我顾明朝，且看今朝！

（微博名：凌晨晓鼓奏嘉音）

图4-9 穿明代服饰展品同款服饰的观众

　　"衣冠大成"备受服装从业者尤其是古装界关注。一位服装设计师观展时，对我们展览内容的结构、布展的设计、展柜的灯光、展品的放置、文物的选择、珍品的亮点以及讲解和文创产品等方方面面的问题进行考察，写成了4000多字的调研报告，并对展览的优点和缺点进行点评，非常诚恳和深刻，现摘取展览策划方面的评价如下。

　　简而言之，布展很清爽，信息比较齐全，并且会有一些衍生信息很有意思，

图4-10　平铺衣服展品

整体条理和观赏性很好……经过一天半的深度逛博物馆，山东博物馆所有展厅的布展整体都做得很不错。"衣冠大成"倒不算所有厅里最优秀的，但确实看得出"衣冠大成"在视觉效果上更下功夫：进门就是红色的一层一层门扉似的结构，展示各朝各代的服装结构，这个设计应当挺适合打卡拍照，这点肯定也是设计上的考虑。服饰展的灯光蛮有意思的，是用照出衣服轮廓的灯，不是常用的那种散射灯或单射灯，很有特色，应当也是有文保方面的考虑。尽量平铺衣服展品，也是尽可能减少重力造成的损伤（图4-10）。展览分了几块，很多资料，特别是朝服，应该是国内独一份了，面料、染色、配色、细节，对于真正的中国风审美观的树立，真的具有非常大的意义，否则大家老是觉得"中国传统就是花棉袄，而且还是牡丹花桃红柳绿；

大屏风还是国庆大花篮 style……"我经常遇到中老年甲方，很喜欢讲那种艳俗到极致的东西是"中国传统审美"，这个时候就应该拿出"衣冠大成"的这些照片给他们看看。

（微博名：星河 Shinho）

"衣冠大成"是华服爱好者的盛宴，他们把展品当作最好的学习材料，有观众进行认真的解读和深入的研究，并将展览内容进一步深化，在参观"衣冠大成"后写出 3000 多字的微博笔记与网友共享（图4-11），现摘取部分内容。

我是在画了半个月的明制华服版型之后去的"衣冠大成"，所以，我积攒了很多小疑惑，希望能够从文物身上获得解答。和历史学者不同，我更关心的是一块完整的布料是如何变成衣服的。虽然看完之后，文物上的很多线迹对我来说还是迷惑，虽然我的疑问对专家来说可能已经是某种常识，但我还是尽量把一些改变了我的成见的点梳理出来，以供制作参考。首先是问题意识，我的问题意识主要有三点：第一，领部、摆、腋下、肩褶、袖口、贴边等细节部位，孔府旧藏服饰是如何处理的；第二，展览所见的孔府服饰，与市面所见的版型和规矩有何不同；第三，孔府旧藏服饰的一些织造、缝纫和装饰技法，对当下的传统服饰制作有哪些启发。以下，进入分主题总结……私以为此次所见的孔府服饰有这些特点：版型严谨，工艺精湛而细节灵活。当布料的幅宽、排版不能满足所需形制的要求时，古人会灵活地运用借布、补缀、挪移等等方式来达到最后的廓形，而非固守成规。而且，古人还会用星点缝来加固衣身，也能达到装饰的效果，而非一味地追求无明线。是不是可以认为，被赋予文化象征意义的是一定的廓形，而如何来达到此种廓形的路径却有一定的自由度。由此启发当下的华服商家在开发新品时，可以多在缝纫工艺上创新……由于即便是类似的形制，男性和女性的数据差别也是很大的，所以希望以后官方能够提供更

有包暗花纱豆青女褂：龙睛垫绣．龙角平绣爪旋网络．

花绣带缀于大襟．纽件靠里．袖根开口约3cm

领口：　　　　摆：

摆的起点
在腋下3cm

下摆内折约5cm．打褶处．疏针明缝．

底纹似折枝牡丹．约5×5cm．袖口开口约2/5．
实为折枝寿桃级　袖口开约1/2．

固定←→圈金

大红色飞圆板花女长衫：花纹带缀于外大襟．(有飘带)下摆内折4～5c
(腋下)
开袖根处距离缀样有一定距离．竖领大襟无摆．衣身整裁
领圈金．袖口开1/2．两袖到之后级有里．

蓝色缨络褶，右掩左．

大红圆领麒麟袄：衣摆折枝花较小，约15×15．或10×10三角．

下摆
加袖的
缀补．

内衣身有刺绣．衣袖底有刺绣．　祝褥纹棒垂直于中轴

纽件靠外．领宽约2.5～3cm．

袖口约位于整袖2/3处．

袖口似乎圈金．整件有里．

点针

图4-11　观众参观时做的笔记

多女性服饰的详细数据。

（微博名：大红猩猩毡）

在华服爱好者和专业人员以外，更有大量普通的观众，他们以前对古代服饰并没有过多认知，偶遇"衣冠大成"，是什么感受呢？

以往的文物展，是进到展厅隔着玻璃边听讲解边看，觉得有趣了便掏出手机拍一两张留念，但我，始终是个局外人。橱窗内古人用过的东西，摆在那里，满足今人的好奇，引起人们对先祖精湛技艺的赞叹。但那些物件与我的生活无关，周围既找不到相同的东西可用，而它们也确实并不适合我用。所以，我，始终是个局外人。

文物在展厅里，我在橱窗外。

本打算在电梯厅的长椅上休憩，歇一歇看动物大迁徙展而酸痛的脚踝，忽然被眼前从天花板到地板整整一面墙的壁纸所吸引，那一面墙的壁纸是完整的一幅画，一座书香门第的园林，画前面放着一张明式官帽椅。

恍惚间，耳边又响起了那段：墙里秋千墙外道，墙外行人，墙里佳人笑……感叹之余才发现，这面墙和那张官帽椅居然是一个路标，又像是一份请柬，指向了"衣冠大成"。

信步走进展厅，没有如期看到橱窗，两侧一道道红色的蒙纱窗格倾身而立（图4-12），既像是朱棣在皇城外修建的千步廊，又像是紫禁城的红门拦马墙，我仿佛穿过皇宫的正门，去皇宫里探寻个究竟。

古人的服装，以前多是在戏台和影视剧里见过。本以为服饰展是把古人的衣服一件件摊开或是挂起来，锁在玻璃柜供人们欣赏。未曾想偌大的展厅里不仅没有一个自己想象中的那种呆板的展柜，而且每件藏品的摆放方式都不一样，几乎是一物一景，布展者似乎是在努力地呈现不同衣着服饰的不同特点。

图4-12　展厅序厅结构

图4-13　明代服饰展品（局部）

　　以前总以为古人穿衣里三层外三层，就算是衣料再薄也难以做到透气舒服。

　　一盏灯投下来，周围微暗，中间独亮，面前一件红色宽大的素纱袍斜摆在那里，透过布料居然能看到背板上的纹理（图4-13），既有型又轻薄，这明朝的织工是如何做到的？

　　也许是两部《绣春刀》给人的印象太深，总以为飞鱼服是锦衣卫出差办案的制式服装，而且是黑不溜秋到处是褶子、仿佛用鱼皮缝制的。见到一处展台上贴着飞鱼服的标签时一愣，没想到这飞鱼服颜色搭配是如此舒服，比莫兰迪色要饱满，比棕、红、黄、青的正色要清柔，更没想到飞鱼服上没有鱼，而是像龙一样的图案。

那个展台，设计者特意让飞鱼服更靠近防护玻璃，让观众能靠得更近，看得更仔细。也就是因为这个设计，让一直以为古人衣服上的花是绣上去的我，"无意"中发现：衣服上的图案居然是织上去的。也就是说，古人量好了尺寸，在胸前背后双肩两袖设计好图案，直接在一块布料上织出来，质感比绣制的平实、比印染的立体，这裁剪设计要求远比西方的立体制衣要高超得多，不仔细看还以为是传说中的天衣无缝针法。

此时才明白为什么《庆余年》里北齐皇太后的宠臣沈重，一件新官袍迟迟未能做好，因为他心事重重，体形胖瘦一变衣料就得重新织就。

今人不明白为何古人穿衣要那么复杂层叠，既浪费布料又腾挪不便。

也许是在那个没有手机电视，人们不用早起挤公交、搭地铁、吃快餐外卖的慢生活岁月里，无论是香麻色飞鱼服、马面褶朝服下裳，还是大红的暗花云鹤方补圆领袍、蓝色的暗花纱缀仙鹤方补忠静冠服，抑或是平翅乌纱幞头，人们在用服饰的华美凝造出稳重，既然不快走那就不走快，走，就走得更有风度一些、更有威严一些。

不知不觉欣赏了半天，再次抬起头时忽觉周围三三两两多了不少身着华服来参观的人。

以前常见穿华服的男子女子在百花洲、在大明湖、在五龙潭。可虽然穿着华服但是穿得不像是华服，漂亮但总觉得缺少点味道。不过眼前的这些人举手投足间却有着明显的不同，也许是"衣冠大成"的布展设计者们精心打造的氛围，让她们不再担心旁人的好奇与不解，在这里找到了书香门第、殷实之家的女儿摇扇相携、结伴成行、赏花踏青的感觉，在青春四溢中又多了一份雍容（图4-14）。

不但她们，逡巡于展厅多时，我也仿佛有了置身庙堂，与明朝古人同案而坐、同室而读的感觉，原来古人与我们是如此之近。

在历朝历代器物中，独爱明朝的风格，不仅仅是因为朱元璋夺回了宋

图4-14　摇扇结伴而来的观众

朝用了 300 年都没能收复的燕云十六州，也不仅仅是因为朱棣定都北京开创了天子守国门，更是因为明朝的诗画器型建筑器物将形制之美隐含于内，华美而不繁杂，简练而不失典雅，质朴却又大方。

环顾"衣冠大成"，看着一件件与明朝人长相处、一同迎朝阳送落日伴烛灯的衣装，我仿佛找到了那个著名哲学问题的答案：

吾乃何人？吾从何方而来？吾往何方而去？

我乃华夏子孙，循承祖先之脚步，为中华文化之繁盛而前行。

（华夏银行济南分行江峡）

文化记者是一群特殊的观众，他们见多识广，对于传统文化以及现代展览有独到的见地。

采访"衣冠大成"真是一趟令人愉悦的审美之旅。这些色彩鲜艳、纹饰精美、款式齐全、保存完好、体系完整的明代传世成衣，美不胜收，加上与服饰出现在同一空间的古代书画、青铜器、玉器、金银器、瓷器等珍贵文物，让人领略到无与伦比的大明风华。

"美"凝结在每一件服饰里。一件"梦中情裙"格外令人印象深刻。这件"梦中情裙"分为两大片，每片均由三幅织物拼缝而成，左右相向各打四褶。裙身衣料为暗花纱，裙摆用红、绿、蓝、黄等彩色丝线绣山石、小桥流水、牡丹、石榴花、蜀葵、牵牛花、蝴蝶、翠鸟、燕子、鸾凤等纹饰，工艺极为精美。

"美"凝结在独特的展陈方式中。配合服饰这一特殊门类的文物，展厅为每件珍贵文物都"私人定制"了独特的展柜，针对丝织品保存条件苛刻的特征为每件文物量身定制了灯光投影，实现了美观与保护的双重效果（图 4-15）。

图4-15　在展品前停留的观众

　　更为难得的是，"美"也凝结在了从传统到现代的"活态呈现"中。展览把历史时空中的文物之美和现代生活结合起来，使得文物之美产生了引领现代生活之美的效果。展览的开幕式是一场独特的"传统服饰及创新设计展演"，复原了的古代服饰、具有明代美学风格的创新设计服饰，以及当代经典设计服饰轮番在舞台上亮相，《韩熙载夜宴图》中的韩熙载和仕女也从画中"走"上舞台，在绚丽的灯光、动听的音乐配合之下，传统和现代真正融为一体，美妙绝伦。

　　而在展厅呈现的明代人穿衣服的过程，以及不同衣服在不同场合的情境复原，都将传统服饰之美淋漓尽致地展现了出来。传统服饰蕴藏的"活态的、当代时尚的美"被激发了出来。美从历史时空流淌到了每一个参观者的心里。

（《济南时报》记者钱欢青）

　　有网友花了6小时从500位网友的微博中收集了"衣冠大成"以及参展观众的照片3000多张，做了一个视频。如果不是出于对明代服饰强烈的热爱以及对"衣冠大成"的认可，她不会花费这么多精力来制作。

　　能在馆中一次看到这么多服饰文物真是太满足了。从放在玻璃展柜里的文物，到看展观众身上穿的华服，两相映照，强烈的跨越时空感，令人动容。

（微博名：如影随形忙着）

　　纵有几十万观众，纵是纷至沓来，纵集万般宠爱，终有落幕之日。与"衣冠大成"的依依惜别，成为观众倾诉的焦点。

　　2021年2月的最后一天，历时5个月的"衣冠大成"，圆满闭幕。
　　2020年9月29日，展览开幕，我与这30余件服饰文物初次相见。
　　无论是若隐若现的四合云纹，还是活灵活现的斗牛飞鱼，一丝一线，依旧以光鲜的色泽、华丽的纹饰，让我们零距离领略大明衣冠的风华绝代，以及那个时代绚丽多彩的文化。
　　我们欣喜地看到，自展览开幕后，数不清的传统服饰爱好者身着华服前来观展。展柜内外，绫罗绸缎交相辉映，成为一道前所未有的亮丽风景线。

图4-16 　与明代服饰道别的观众

　　我们也欣喜地看到，自展览开幕后，传统服饰爱好者身上的袍服衫裙质量越来越高了，有源可寻的文物同款越来越多了，明代服饰文化传承得越来越好了。

　　这不仅要感谢衍圣公家族几百年来对这批文物的悉心保管，更要感谢山东博物馆、孔子博物馆等为举办此次展览做出的巨大努力。

　　天下无不散之筵席，展览的最后一天，我特意穿着绿色云纹直身、白色素纱褡护、蓝色云纹贴里，同朋友一起，与古人"撞衫"，与"衣冠大成"告别（图4-16）。

　　五次观展，拍摄照片近万幅。我整理了每件服饰文物的高清图片上传网盘，希望能为未能前来观展的朋友们弥补一些遗憾，但请不要用于商业用途。也希望其他拍摄了文物高清图片的朋友们能将图片分享，一起把这场展览在网络空间延续。

（微博名：大明风物志）

衣冠大成

An Agglomeration of
Hats and Clothes

结　语

意犹深远

　　"衣冠大成——明代服饰文化展"于 2021 年 2 月 28 日结束。一个已完成的展览，总会留下些遗憾……作为策划人员，回顾展览，我们不禁感叹，一些做法不够完美，一些设想未能实现。但是，展览对于传播优秀传统文化、树立文化自信，对于促进鲁绣和丝织业的恢复和发展以及带动旅游等方面，具有深远的意义。

一、犹叹未补阙

　　首先，由于新冠疫情原因，我们没有向全国的文博部门借展品，未能使更多更精彩的文物汇聚一堂。我们原计划借明代出土的品相不好的服饰来与传世的色彩鲜艳的服饰进行对比展示，并向观众进一步强化"出土文物"与"传世文物"这一组相对的概念。我们也曾想借外省文博单位的文物，在展览中增加帝王服饰，使展览的整个结构更加完整。但是由于明代服装展品单件的尺寸较大，所用展柜占地面积比较大，而且要展示的内容丰富，"衣冠大成"展厅虽然有

900 平方米，但空间相对来说还是略显不足。我们也曾想再多借一些博物馆的首饰，尤其是"鬏髻"和"凤冠"。鬏髻是明代已婚妇女在正式场合的头饰，与其相配的簪、钗、钿、挑心等各式首饰被称为"头面"〔图5-1〕。"凤冠"是俗称，真正的凤冠，其实只有皇后才能戴，朝廷命妇的凤冠不叫凤冠，叫"翟冠"，按不同品级有不同形制。女子婚礼时也可佩戴凤冠。凤冠在明代非常流行，并深刻地影响了清代，虽然展览中以画像展示了翟冠，但并没有实物，如果"衣冠大成"中能展出明代凤冠或翟冠，会非常轰动，但因新冠疫情等各种不确定的因素而没有实现。

其次，我们曾设想在展览期间进行昆曲表演。万历年间，以苏州为中心的昆曲扩展到长江以南和钱塘江以北各地，万历末年还流入北京，成为明代中叶乃至清代中期影响最大的声腔剧种。昆曲虽产生在明代，但其演出服到清代时已加入了时装的成分，早已脱离了明代服饰的原貌。我们设想请演员穿着明制服饰，表演原汁原味的昆曲《牡丹亭》第十出《惊梦》片段："〔旦低问〕秀才，去怎的？〔生低答〕和你把领扣松，衣带宽，袖梢儿揾着牙儿苦也，则待你忍耐温存一晌眠。"这一段描写杜丽娘梦见在花神的保护下与柳梦梅幽会的情景。杜丽娘未出阁，头饰不必复杂，用戏曲本身的即可，服饰则选仿制的文物，上着立领宽袖长上衣，下配马面裙。书生柳梦梅可身着道袍，头戴方巾。这个演出片段，旨在向观众说明明朝后期已出现了立领和纽扣这一古代服饰知识点，再现和还原明代服饰来演出明代戏剧，更是具有返璞归真的意义。这个设想出于种种原因没有实现。

再次，一般的展览策划都很重视开展和开幕，而忽视展览闭幕。为避免展览有始无终的状态，我们策划了闭展的活动，准备在展览结束之时，举行一场慈善拍卖会，将展览上仿制的服装进行拍卖，所卖资金用于明代服饰文物的公益研究。但是出于疫情管控的原因没有能够实现，这是非常遗憾的。从展览开放以来的情况看，华服爱好者非常多，已具有相当的规模。以后相关的展览闭幕式也可以举办由观众作为模特的古代服饰走秀活动，或者举办古代服装创新设计比赛或摄影比赛，以提高群众的参与度，更好地体现展览的宗旨。

图5-1 明 金嵌宝凤凰挑心（江苏江阴市博物馆藏）

最后，在展览策划之初，我们还希望通过对古代服饰的展示，促进社会对明代服饰的利用乃至对古代服装资源的利用，开发具有传统文化元素的日常时装以及节庆日服装，以展示中国气派和中国风度，这是我们展览的终极目标。虽然"衣冠大成"没有做到，但我们期待，在不久的将来，可以看到有更多明代服饰元素设计的国潮风服饰，乃至具有中国优秀传统服饰元素的国服。

二、但做引玉人

虽然在展览策划中，在展品、展示、互动活动以及其他方面有些许遗憾，但是明代服饰的展览和公布，正本清源，以权威的明代服饰标本为中国传统服饰爱好者提供重要的借鉴价值，对于传播优秀传统文化、焕发新时代风采、树立文化自信是一次重要的和有益的实践。我们应当以此为契机，对明代服饰文物资源进行创新性发展和创造性转化，这对于赋能相关产业的发展有着重要意义。

（一）齐纨与鲁缟

中国是蚕桑丝绸业的故乡。西周时期郑卫齐鲁秦楚越等国均有丝织记载，至春秋战国时期形成了齐鲁、陈留、襄邑等丝织中心。"齐纨鲁缟"非常有名，秦时李

图5-2　山东青州傅家北齐墓出土的画像石（郑岩绘图）（青州博物馆藏）

斯在《谏逐客书》中说，秦地不产的宝物之一为"阿缟之衣"，裴骃《史记集解》引东晋徐广的解释为"齐之东阿县，缯帛所出"。齐鲁丝绸的销售范围也很广。山东青州傅家庄墓出土的北齐画像石上刻画了粟特族人在青州买丝绸的情景（图5-2）。隋唐时期，中国的丝绸业进一步发展，丝产量大增，丝绸品种日益繁复，丝绸在财政上的作用更加显著。明清时期丝绸产销量达到鼎盛。中国丝绸通过陆上和海上丝绸之路运往世界各地，在世界享有极高的声誉。但是，半个世纪以来，具有如此悠久历史的丝绸业，在纺织业界的地位逐渐降低，在老百姓中的知名度也日渐衰微。振兴和发展丝绸业，明代服饰文物是一个可利用的资源，可以为恢复明代丝织品种提供可靠的借鉴。

图5-3 明代服饰面料

　　"衣冠大成"将纱、罗、缎、绸、锦等明代丝织品进行了系统展示，尤其是山东博物馆藏蓝色缠枝四季花织金妆花缎裙，面料采用的织金妆花工艺，代表了我国古代丝织物的最高水平（图5-3）。这些丝织品，有的来自皇宫，有的来自各丝绸产地。这些织物的图案和技术，有些现在早已不生产了，甚至已经失传。我们在策展时就没有寻访到适合做花鸟裙的折枝梅暗花纱面料。在现代社会，丝绸产业可以依托对明代丝织物的研究，力争复织出明代传统面料，并设计和开发明式丝绸，可以提供现代服装的高端定制，亦可为颇具消费潜力的古装市场提供面料。

（二）非遗好机遇

　　鲁绣是中国"八大名绣"之一，用色明快、构图清新，气质浑厚。现在看到战国时期的鲁绣，依然具有极强的艺术感染力。历经2000多年，今天的鲁绣有了很大的发展和变化。在设备上，从手绣发展到手绣与机绣并存；在技法上，除传统的齐针、缠针、打籽、滚针、辫子针、接针等，又吸收了雕绣、抽绣等新绣法；在材质上，从丝线绣发展到丝毛并存等。然而，今天我们很多人说不出鲁绣的特点，分不清鲁绣与苏绣等其他绣品的区别，这是为什么呢？

　　一是鲁绣发展的多样化呈现出与传统鲁绣截然不同的面貌。尤其是胶东的鲁绣，它是中西合璧的产物。即墨花边、青州府花边、蓬莱梭子花边、栖霞棒槌花边、荣成手拿花边、招远网扣、威海满工扣锁、乳山扣眼、荣成石岛生丝台布等，是在近代传教士的影响下，吸收了西方花边和手工编织工艺，而创新发展起来的一种新型的鲁绣。胶东鲁绣是早年外汇创收的主力，现在还在坚守，成为鲁绣中发展比较好的一个流派。二是很多从事鲁绣工作的专业人员，向南方绣种如苏绣等学习，以至鲁绣越来越被南方绣种尤其苏绣同化，风格越来越细腻、越来越雷同化，渐渐地失去了本来的面貌。"衣冠大成"向观众呈现了原汁原味的传统鲁绣，如大红色绸绣过肩蟒麒麟鸾凤纹女袍上的鸾凤形象，动态十足，生动灵气（图5-4）。再如，香色芝麻纱绣过肩蟒女长衫，也是鲁绣的经典之作，尤其是盘金绣和平金绣的使用，使服饰充满了富贵奢华之感，与印象中朴实的鲁绣风格大相径庭，使观众重新认识并爱上了鲁绣。特别是鲁绣传承人对花鸟裙展品的复仿（图5-5），工艺师们对花鸟裙进行了认真研究，对布料和绣线进行了细致的比对和选择，终于仿制出几可乱真的花鸟裙，准确地还原了文物的"美貌"。明代服饰经典的图案，可以丰富鲁绣的花样。这些鲁绣作品，作为鲁绣悠久历史的实证，可以为传统鲁绣代言，从而吸引更多的年轻人加入到鲁绣这一非遗的传承和保护中。在加强对鲁绣的研发、传授、推广等

图5-4　明　大红色绸绣过肩蟒麒麟鸾凤纹女袍（山东博物馆藏）

图5-5　鲁绣工艺师在绣制花鸟裙

外部措施的同时，关键是保留鲁绣"衣线绣"的主要特征，保持留白得当、立体逼真的效果，保持色调单纯、构图简洁而气韵醇厚的艺术特点，维护鲁绣的高辨识度。守正创新，不忘初心，保持本真，才是鲁绣得以传承和保护的前提条件和必要基础。

（三）古装新产业

近年来，华服市场呈现井喷态势。2019 年华服在淘宝的成交额达 20 亿元，2020 年达 35 亿元。知名品牌华服即使价格上万，仍然一衣难求，因此还催生了二级市场。华服市场虽然火爆，但目前华服生产仍存在一些问题：一是华服的形制。交领右衽、前后中缝等华服传统的形制，如果厂家的产品不对，会被华服爱好者中的"考据党"质疑、吐槽和嫌弃。二是山寨华服。如果抄袭知名厂家的设计，会被华服爱好者鄙视和抵制。他们将穿山寨的华服称为"穿山甲"，认为这种行为玷污了华服所代表的传统文化。

那么，华服如何避免山寨，经得起考据呢？"衣冠大成"给出了最正宗、最考究的明制版型，给出了最正确的明代人的穿搭方式，从而为市场开发提供了最可靠的样本，对华服产业起到指导作用。华服企业抓住这个机遇，可以在华服生产企业里成功"出圈"，成为头部企业，从而使华服企业从量多向量多质优转化。

摄影和结婚礼服是古代服装常用的场合。影楼的古装为了追求拍摄的效果，戏服的成分更多一些。在中式婚礼越来越流行的时代，礼服则是在隆重场合实际穿着的，明制服装集华美与实用于一体而成为婚礼服的宠儿。"衣冠大成"中的大红色四兽朝麒麟纹妆花纱女袍因吉祥的寓意，常被选做新娘服饰（图5-6），

图5-6 明 大红色四兽朝麒麟纹妆花纱女袍（山东博物馆藏）

还有马面裙，也是传统婚服。新郎服饰则可参照墨绿色妆花纱云肩通袖膝襕蟒袍的款式来设计。

对于现代服装产业，明制服装的版型可以借鉴，明制服装鸾凤和蟒龙等喜庆的图案、花草虫等吉祥的纹饰，都可以创新设计应用于现代服装上，从而使传统元素日益成为新潮点。

（四）国潮总动员

文化是一个国家、一个民族的灵魂。服装向来代表着人们的精神风貌，也蕴含

图5-7　明　盘金云龙粉缎女裙（山东博物馆藏）

着社会理想和信念。1919年孙中山先生亲自设计了中山装，用来代表辛亥革命的成果。现在，我们也可以根据需要从明代服饰文化中汲取灵感设计开发国潮风服饰，代表我们的时代风貌和文化自信。

2022年7月，著名法国时尚消费品牌"迪奥"发布的自称原创的新季单品，因与我国的马面裙高度相似而在网上炒得沸沸扬扬，也从侧面反映了古代服饰的巨大魅力和影响力。网友们对于明代马面裙的熟知，也得益于"衣冠大成"，展览中的马面裙证实了马面裙在明代就已经在我国流行（图5-7）。且不论迪奥是否抄袭，单从这个信息可知，时装界充分利用古代服饰资源优势，开发国人可以在隆重节庆场合穿着的、有华夏民族传统风格的时装以及日常穿着的国潮风时装，是大有可为的，在提升服装产业知名度和扩大产业规模的同时，提升民族自信心和自豪感，实现一举双赢。

（五）文旅新风尚

　　"衣冠大成"的 45 万观众来自全国各地，展览的文化创意产品也非常火爆。明代服饰的款式和纹饰都非常有特点，祥云纹、"卍"字纹、如意纹、龙凤纹和以百花、百兽等各种纹样组成的吉祥图案，非常符合中国人的礼制观念、伦理习俗、审美情趣和色彩爱好。以这些元素为设计基础开发的注重生活实用性的文创产品，如银行卡、冰箱贴、服饰 DIY 材料包、茶包等家居用品和珠宝配饰、服装，以及主题电子贺卡、手机支架、便签夹、笔托架等，都非常受观众喜爱，产生了良好的经济效益。

　　"衣冠大成"的外地观众，他们很多是提前在网上相约同袍同行，即一起穿着明制服装来观展。展览带动了旅游，促进文旅融合，发起并形成了一种新的旅游风尚——同袍观展。如果不是新冠疫情的影响，观众数量还会成倍增长。这些外地的观众到济南，至少待一天时间，大多数情况是首次来济南的观众在看过展览后，会顺便在济南玩一圈，远道而来的观众可能还会到泰安旅游，这在一定程度上促进了济南乃至山东旅游业的发展，也为山东的文化旅游开辟了一个新的门类。从全国范围来看，随着"华服热"的兴起，各地举办的服饰文物展都颇受欢迎。2019 年 9 月首都博物馆举办的"锦绣中华——古代丝织品文化展"、2021 年 4 月国家博物馆举办的"中国古代服饰文化展"、2022 年 1 月重庆博物馆举办的"云想衣裳——丝绸之路服饰文化特展"等，每一个展览都是观者如潮，非常轰动。虽然这些展览大多是公益性的，但所带动的旅游效应是真实可见的，旅游效益也是可期待的。在"衣冠大成"的热度之下，全国华服及创新设计大赛、模特比赛和摄影比赛相继举办，以"华服日"命名的各种华服展示活动以及华服交易博览会不断举行，催生出了新的华服会展经济，并产生了相应的会展旅游经济。

　　"衣冠大成"中的展品大多来自孔府，如果开发适合华服爱好者的旅游路线，依托曲阜孔府、武定府署等，以及山东地方现存的很多明代官邸建筑或遗址，在这些明代场景下，举办相应的雅集活动，如诗词歌会、飞花令、投壶、猜谜语、击鼓传花等，或在中华传统节庆日、节气以及人生重要节点举办相应的庆典，如观灯会、十二花神巡游、成人礼等，让华服爱好者同袍出行和参加活动，会是比较受欢迎的旅游项目。比如济南市可以在荷月（六月）举办荷花节，让华服爱好者同袍出席，吟诗赏花，会有力地带动旅游业的发展。

（六）数字资源库

古代服饰在近年来的综艺和影视业中有越来越大的号召力。2019 年 1 月 27 日，中央电视台《国家宝藏》节目播出了山东博物馆藏衍圣公朝服和梁冠，收视率创了新高，节目所选文物亦为"衣冠大成"的展品。古装剧的热度也一直居高不下，观众的审美情趣也越来越高，服装有历史依据、符合历史真实情况的影视剧比较受欢迎，如《大明风华》和《梦华录》等都非常火爆。河南卫视凭借河南卫视春晚的《唐宫夜宴》、端午的《洛神水赋》和七夕的《龙门金刚》，成功实现逆袭，这便是源于对传统文化特色的挖掘和精心打磨。"衣冠大成"为影视业提供了可资借鉴的服饰文物资源，也许在不远的将来可以看到转化出的影视作品。

古装游戏也颇受游戏玩家喜爱。游戏产业可将服饰文物资源成功转化为信息资源，丰富游戏人物的装扮和装备，并通过授权等方式实现信息资源的货币转化（图 5-8）。

2022 年数字藏品映入人们的眼帘，它将艺术品等生成唯一的数字凭证，在保护其数字版权的基础上，使用区块链技术，实现真实可信的数字化发行、购买、收藏和使用。从山东博物馆的"衣冠大成"数字展厅的浏览量就可以看出，

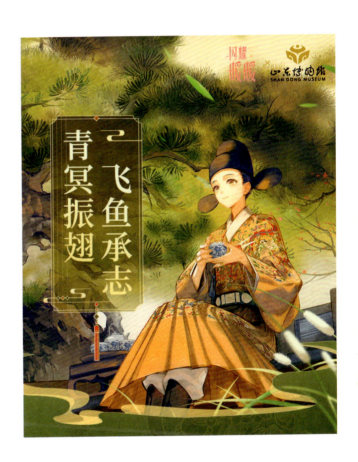

图5-8　该游戏人物的服装
选自"衣冠大成"

明代服饰非常受网友欢迎，山东博物馆也适时推出了数字藏品，颇受网友欢迎。虽然目前数字藏品尚处于探索阶段，但明代服饰文物作为最受欢迎的数字藏品，它的开发和利用，为文化资源向数字产业转化从而最终实现经济价值进行了有益的尝试。

三、我自傲然立

　　以上所谈及的均为展览的服饰展品对产业的意义，其实，对于树立和增强国人的文化自信等精神层面的作用才是"衣冠大成"最大的收获。以服饰文化为载体，使中华民族最基本的文化基因同当代中国文化相适应、同现代社会相协调，弘扬跨越时空、富有永恒魅力、具有当代价值的文化精神，激活其内在的强大生命力，坚定民族文化自信心和认同感，增强中华文化的核心竞争力才是展览的终极目标。

　　山东博物馆"中华服饰艺术展"于 2015 年 12 月 12 日至 2016 年 1 月 17日在日本山口县立萩美术馆·浦上纪念馆举办，2016 年 9 月 9 日至 10 月 30 日在韩国国立春川博物馆展出，展品中有馆藏蓝色麒麟方补妆花缎女短袄，蓝色牡丹杂宝纹暗花缎的地子上，用圆金线织成麒麟纹补子，交领、右衽大襟、琵琶袖，美观大方。当时我们为短袄搭配的是马面式裙即蓝色缠枝四季花织金妆花缎裙。结果，白色护领、红色系带的短上衣与宽大长裙配起来与韩国的传统服饰有些相似，而韩国传统服饰的样式已广为民众所熟知，所以，很多日本人、韩国人以为我们的明代服饰是韩国古代服饰，甚至国内很多不了解古代服饰知识、没有见过文物的朋友也以为是韩服。其实，韩国的"传统韩服"更多吸收了元代的特点，明朝同时对元代服饰元素也有保留，所以看起来比较像。而且，在明朝时朝鲜为中国藩国，女子也有袄裙的样式，只是由于韩国用炕和经常跪坐的生活方式，为了方便实用，服装较明朝的短，而且女子将裙子的腰提得很高，所以看来稍有不同。

　　随着这些年展览的举办、图录的制作、知识的普及，大家对我国古代服饰的认知越来越清晰，对传统服饰越来越认同，尤其是"衣冠大成"的举办，不仅是一场美学盛宴，更是一个重要的文化事件，具有特别积极的意义。它促使越来越多的年轻人从传统服饰文化着手，拓展到相关领域，深挖历史素材，深耕传统文化，从悠久的中华文明中"寻根"，在丰厚的文化遗产中"寻宝"。只有找回属于中国的审美精神，并赋予传统文化以时代内涵，实现文化自信，增强国家文化软实力，我们才能有足够的创造力去开拓一个衣冠上国的新时代！才能实现中华民族伟大复兴的中国梦！才能傲立于世界强国之林！

后　记

　　转眼间，"衣冠大成——明代服饰文化展"结束两年了，有很多需要归纳和总结的地方，但我一直未能沉下心来去做。2021年夏，我为《中国博物馆十大陈列展览精品集萃（2020）》撰写展览介绍，当时规定字数为8000字，然而写成后意犹未尽。恰好2022年中国博物馆协会启动了"中国博物馆陈列展览精品·策展笔记"丛书的写作计划，于是，在中国博物馆协会的全面指导下，在山东博物馆的大力支持下，在杭州黑曜石展示设计有限公司的鼎力协助下，尤其是在"衣冠大成"策划团队工作的基础上，吸收韩萌、吕健、董倩倩、毛若寒、董进、张红雷、朱仲华、席丽的相关文稿，兼有阮浩、周坤、张媛、陈阳、孙芳、李波、关晖、陈阳、徐文辰以及广大观众所摄精美照片的加持，《衣冠大成：山东博物馆"明代服饰文化展"策展笔记》的写作非常顺利，可谓一气呵成，畅快淋漓。

　　书中"观展"一章采用观众当时发表的观后感，非事后杜撰。当询问可否在书中引用时，观众皆欣然同意，让人感动！写作期间，亦得到刘勇、董宣彬、李如欣、范菲菲、李小涛的真诚帮助，在此一并表示感谢！